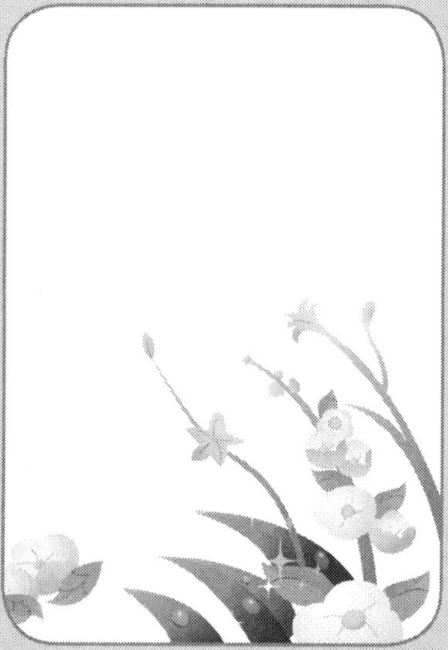

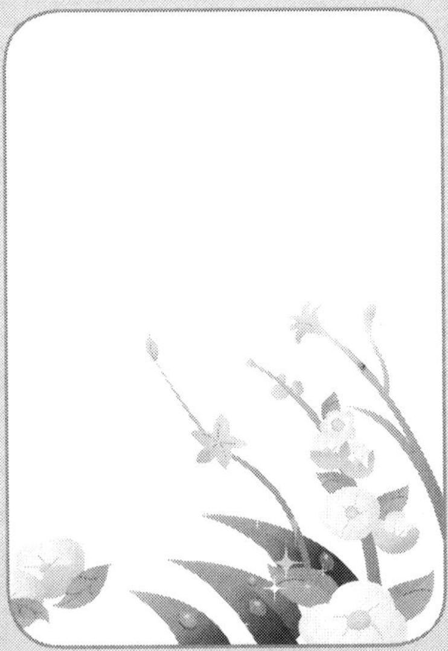

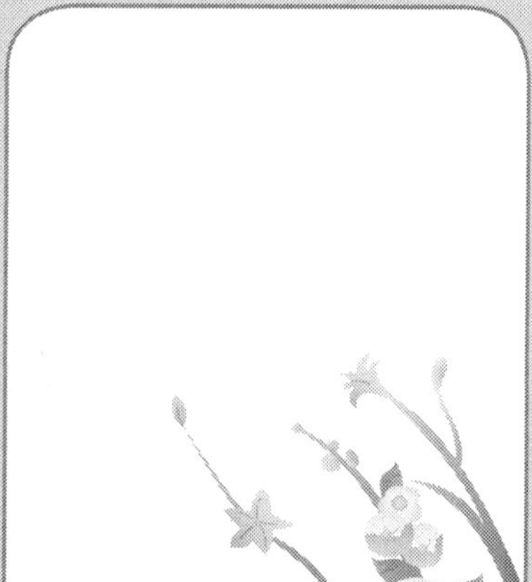

氣質磁場

完美人格的25個關鍵因素

MASTERFUL
PERSONALITY

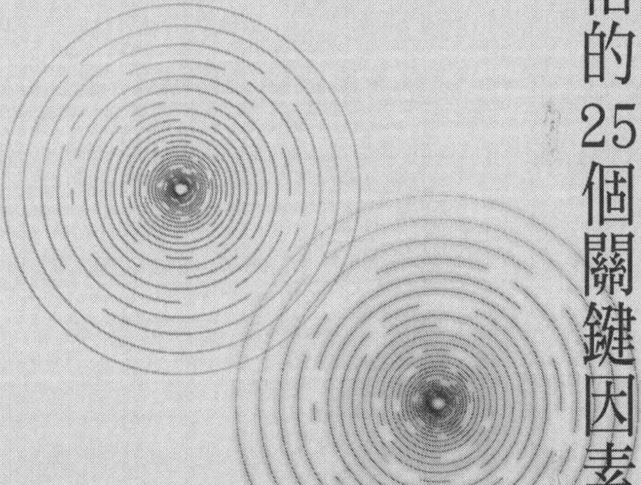

人格魅力自我發現的旅程

奧里森・馬登探討「磁場」的經典著作

生活其實是一個不斷打動別人、又不斷被別人打動的過程，不論是打動還是被打動，都不是一件輕而易舉的事情。

奧里森・馬登 著
趙越 譯、孔謐 校

謹以此書獻給我的摯友、

不斷激勵我的人、

偉大的外科醫生、

與人為善的喬治・愛默生・布魯爾。

譯者序

生活不是一道無解的謎題，也不是一頓隨遇而安的晚餐，生活其實是一個不斷打動別人、又不斷被別人打動的過程。沒有誰能夠獨活，因爲我們都是社會人。我們在打動別人的過程中，獲得機會與財富，同時又在被打動的那一刻，思想上有了進步。

不論是打動還是被打動，都不是一件輕而易舉的事情，大多數人要麼急著走捷徑，欲速則不達；要麼渾渾噩噩，等著命運來選擇自己。他們都沒能找到破解生活這道謎題的關鍵。

任何存在的事物都具有一定的力量，生命也不例外。在生命的一切力量中，人格的力量占絕對主導地位，因此一個人格高尚的人，是最容易打動他人的人。

有時候我們百思不得其解，爲什麼有的人明明出類拔萃，卻在一生中歷經波折、屢遭敗北，而有的人看似波瀾不驚，卻能摘得最後的果實？原因很簡單，人是一個綜合體，只有均衡發展的人，才是最終取得成功的人，任何個性發展沒有達到均衡的人，在現實的拼搏中都會有功虧一簣的感覺，也就是說，人的個性中，任何一個薄弱環節都會導致失敗。同時，均衡發展也是我們擁有完美人格的關鍵因素。

作者在本書中，著眼於人的個性中的二十五個基本方面，深刻剖析了人性、人格、成功三者之間的關係，正所謂成功的道路有千萬條，失敗的原因有千萬種，擁有完美人格並不是夢，願此書對廣大渴望成功的人，能夠起到警醒、借鑒、學習的作用。

這是我的一個小小心願，也是作者撰寫本書的初衷。

Contents

Contents

第1章　高貴的氣質源自內在的養成

瓦爾特・惠特曼曾經說過：「一個人怎樣，並非完全取決於他身體髮膚的方寸之間。」人，總有一些東西比外表更重要。這些東西既不在於一個人是否聰明，也不在於是否漂亮，這些東西是傳記作者或照相機所無法捕捉到的東西，是只能靠感覺傳遞的東西，是從一個人身上散發出的生命力量，這種神奇的力量，如同電流般讓人難以捉摸。我們將它叫作一個人的魅力或磁力，這種力量並非來自這個人的身體。

有些人的氣質遠比其他人更為強烈、深遠，還沒等靠近，我們就能感覺到，他們身上特有的影響力正悄然襲來。他們就如同一塊磁石般，在自己周圍形成一個強大的磁場，散發出微妙而真實的力量。有些人認為，所謂的「人體場」，其實就是根據各人不同的個性和氣質，所形成的一種電子輻射場；有些人的想法更誇張，認為約瑟夫的夢幻彩衣，也是他精神層面華麗氣場的體現（來自兒童聖經故事）。還有許多人具有讀解人體氣場的特殊能力，他們聲稱：「人的氣場能夠揭示人內心的秘密，休想隱藏半點。」

「氣場」也好，「磁場」也罷，或其他任何你喜歡的說法，這種強大的個人力量是神秘的、難以界定的，是只可意會不可言傳的，它既可以令我們為之傾倒，也可以讓我們由此心生厭惡。有一個很出名的失聰盲人說，當某些人靠近她時，她能夠感覺到他們具有強烈而明顯的力量，這些因個性而異的力量有的吸引著她，也有的令她反感。她能夠感覺到一個人的道德水準。她的侍者說，當某個邪惡之人靠近她時，她很明顯就會退縮，彷彿有什麼東西會傷害到她一樣，因為她能夠感覺到這個人的人品。

海倫．凱勒是一個失聰的盲人，但她能夠迅速感覺到一個人的個性，並且根據這個人的「氣場」，判斷出他的品性。當她面對公眾做演說時，觀眾席上每個人體磁場的振動，讓她能夠感覺到大致有多少人在場，同時，在場觀眾的個性特徵、氣質特點，也反過來影響著她。

每個人都有獨一無二的氣場，我們的思想和品性，都會透過氣場向外擴散，這些東西或吸引某些人，或排斥某些人，它們還會影響我們的事業。

有的人來我們家裡拜訪，雖然走出了家門，但他的力量仍然留在那裡；有的人甚至去逝了，卻依然能讓人感受到他的影響力。對此我們都深有感觸。這些人雖然離開了我們，但他們住過的地方、常去的場所，總讓人能感受到他們彷彿依然還在那裡，這種感覺很難解釋，卻又那麼強烈。摯愛的母親雖然已長眠於地下，但家裡的每個人，仍然能明顯地感覺到她的存在，這種感覺一直持續好多年。同樣，一個深得喜愛的孩子去逝後，也會有類似的現象。這一切並非僅僅是人們的主觀臆想，而是我們所愛的人離開後，他的個性特徵所留給我們的長時間的影響所致。

參觀過華盛頓、莎士比亞、貝多芬、羅斯福等偉人故居的人，都能夠很明顯地感受到他們強烈的個性。他們使用過的傢俱、臥室裡的窗簾、使用過的桌椅、在圖書館裡坐過的椅子、靜靜擺在那裡的鋼琴或其他樂器，這一切無不散發著他們的人格魅力。在惠蒂爾的舊居，我常常能夠強烈地感覺到他的個性。

事實上，歲月無法將偉人身上散發出的人格魅力，也就是包圍在他們周圍的氣場抹去。希歐多爾・羅斯福去逝後，我常常帶著我的孩子們一道去參觀他的故居（他在世時，我也經常去）。看著紀念品展室裡陳列的一件件精美的物品，我彷佛又一次看到這位偉人的音容笑貌，看到他正在欣賞自己人生寶藏的身影。他的人格魅力，不僅滲透在居室裡的每一件東西中，而且感染了故居周圍的一切——他生前經常揮動斧子伐木的小樹林、經常鍛煉身體的地方，這種感染力，甚至蔓延到他經常去做禮拜的小教堂。

我們都感受過成功人士工作場所中，瀰漫著的那種士氣高漲、充滿活力、積極、緊張的氛圍。如果一個企業的行政辦公機構，由一個十分有能力的人來管理，那麼，整個企業都能夠感覺到他強大的影響力。反之，如果一個企業的領導能力差、軟弱、優柔寡斷，缺乏力量、活力、進取心，那麼，每個進入企業的人，都會感覺到一種消極的氣氛。

一定要記住，一個眞正擁有力量的人，世界是不會將他遺忘的。如果你不斷產生力量，這份力量必然會從身上散發出來。你是一個能力平平的小人物，還是一個具有大家風範的實力派；你能開闢出一條道路來，還是只能走在羊腸小徑上；你是一個巨人，還是一個侏儒；你是一個輸家，還是贏家，這一切別人都看的一清二楚。任何東西都無法將你的力量隱藏起來。

一個軟弱的人，表現出來的只會是軟弱，無論他多麼努力地裝模作樣，想要留給他人一個有能力的印象，都是不大可能的。

許多人給人的感覺就像月亮，冷漠、毫無生氣，身體周圍沒有氣場，也沒有吸引力。他們無法讓人感覺到溫暖和靈魂深處的那份光明。他們的個性似乎沒有氣場可言。而另一部分人則像是太陽，向外散發著光和熱、愉快和歡樂。

威廉・迪恩・豪厄爾斯曾這樣評價朗費羅（美國十九世紀偉大的浪漫主義詩人）：「他

從未來過，但他給我們的家庭帶來了很大的影響。」在美國另外兩位深受人們愛戴的聖人身上，同樣具有朗費羅這種散發著光和熱的精神力量，他們分別是亨利・沃德・比徹和菲力浦・布魯克斯。

和比徹同處一室的人，都能感覺到他身上散發出來的、強有力的精神力量，那是一種愉快、希望、勇氣和愛的力量。波士頓的人們曾經說過，不論天氣多麼陰霾，只要菲力浦・布魯克斯從大街上走過，人們馬上就能感到有一道陽光驅散了烏雲，他的個性有一種神奇的力量，每個靠近他的人都能感受得到。我常常看到大街上有人從布魯克斯身邊經過時，回過頭來用驚異和讚賞的目光看著他，難以相信所看到的人，竟然具有如此的魅力和氣概。

比徹曾說過：「能夠在不知不覺中讓人們更好、更快樂是多麼可貴啊！玫瑰和康乃馨讓我一整天都很開心，然而它們卻在我的陶罐裡默默無聞地擠在一起，似乎從來也不知道我在想著它們，也不知道自己給他人帶來了什麼樣的快樂。更爲重要的是，它們甘願悄然地奉獻出自己甜美的芬芳，給人以勇氣、希望和快樂。而這一切正是一個心胸開闊、個性分明的人應具有的優良品質之一，讓自己快樂的同時，也讓他人快樂。這樣的人是用心歌唱的人，天性寬厚卻有很大影響力的人，沉著、樂觀的人，在不經意間就能幫助到他人的人。周圍的每個人都受益於他！」

凡是有幸認識比徹和布魯克斯的人，包括我在內，都能夠很明顯地感覺到這一點。當我還在波士頓讀書的時候，我曾聽過布魯克斯的課——眞是永生難忘的幸事。

如果有好心的仙女能幫我實現願望，如果我只能許一個願望，那麼我希望自己能夠擁有健康、陽光的個性，因爲只有良好的個性，才能讓人擁有永遠的快樂，並將快樂帶給別人。

我們常常能夠看到在一個家庭中，有那麼一個成員身上，總是散發著陽光和活力，讓整個家庭處於一種輕鬆愉快的氛圍當中。而另一方面，我們也常常看到家庭中，有一個滿腹牢騷、脾氣乖戾、刻薄挑剔、心胸狹隘、難以取悅的人，讓家裡的每個人都覺得陰暗、意見不合、掃興。我認識一位母親，她迷人的個性和陽光般的品格，爲整個家庭帶來了生機和歡樂，無論發生什麼事，她的臉上總是帶著愉悅的微笑。不管是誰碰到了困難或考驗，總喜歡到她那裡去尋求建議。孩子們總是依偎在她身邊，抬頭用依戀的眼神望著她，就像向日葵總是面向著太陽一般。

在人生的道路上，我們一路走來，一路散發出陽光和力量，給人帶來舒適、愉快的感覺，豈不快哉？

我們都知道，有些人只要一出現，我們就能感覺到平靜、和諧和幸福，我們能夠感覺到，他們的靈魂具有無窮的力量，他們個性中的寬厚與慈愛，將我們緊緊包圍。每一個和他們相處過的人，都得到過親切寬厚的人格魅力的恩澤。如果你尚未培養出這種個性，或者說沒有完全培養出這種個性，如果至今沒有人感受過你美好的人格所散發出來的芬芳，那麼，你就沒有將生命中最好的一面呈現出來，還沒有提升到最高的境界。

不論你囤積了多少錢財，也不論你有多少成就，這一切都不是眞正意義上的成功，因爲你的人格並未達到平衡，你的生命並未得到精彩演繹。此時的你，只能說是在某個專業領域取得了成功，但作爲一個人而言，仍留有一絲缺憾。

第2章 鮮明的個性更具有魅力

在日常生活和社交活動中，我們總能碰到一些素昧平生的人。這些人中的絕大多數，都不會給我們留下特殊的印象，我們也不會再想起他們。這些人沒有什麼讓人難忘的特別之處，他們外表平平，舉止談吐大眾化，所以，他們一旦從我們的視線中消失，隨即也就會從我們的腦海中消失。

然而還有另一種人。這種人我們或許只碰到過一次，卻很難將他們忘卻，因爲他們身上總有一些東西，留在我們的記憶中，難以磨滅。這些人就是個性特徵鮮明的人。我們總會本能地、不自覺地追隨和服從這類人，因爲他們的精神世界與言行舉止中，透著威嚴與力量，他們總能將自己的意志與思想傳遞給其他人。

有人說，每當丹尼爾・韋伯斯特出現之時，人們就會感覺到自己的力量和能力陡然增加，是他偉大的思想鼓舞了周圍的每個人。即使在街頭擦肩而過的陌生人、從不知道他是誰的人，也會被韋伯斯特強烈的個性所吸引，也會身不由己地回過頭來再看他一眼。

難道你從來就沒有感覺到，當某個你所欽佩的人出現時，你就會精神振奮、充滿力量，做事情的能力大幅度提升？你是否感覺到，在這種力量的支持與影響之下，你似乎能夠做成任何事情？你是否感覺到他的力量和你的力量，似乎融合在了一起，他的能力和你的能力合而為一？所以，你會感到他將精神力量傳遞給了你。你或許會覺得驚奇，你竟然將自己不願對他人啓齒、或者連寫都懶得寫下來的心思，一股腦向他傾訴。

曾幾何時，我們面臨緊急情況或重大危機，正當我們感覺自己無助、束手無策之時，突然有個個性鮮明的人出現在我們面前，這個時候，一切就會豁然開朗。這個人對我們來說就像一陣及時雨，帶給我們莫大的支持與幫助。我們不再膽小，也不再懦弱，而是充滿了鬥志和效率，將局面牢牢掌控在自己手中。我們所需要的，正是一種鼓勵和信心，正是來自某個靈魂人物的支持，這個人激勵我們發揮自己最大的可能性，沒有了這份激勵，我們或許一事無成。

據說，只要拿破崙一出現在軍隊裡，其威力相當於增加了五萬兵力。他能讓每個士兵創造奇蹟、他能讓懦夫變成英雄。他點燃了所有人的士氣，增加了所有人的勇氣和能力。只要這位神奇的領袖在場，所有的士兵戰鬥起來就有如天神附身。他對敵人極具威懾力，只要一說部隊將由拿破崙親率，敵人立刻就會聞風喪膽、軍心大亂。他們知道，和拿破崙率領的法國軍隊戰鬥，簡直就像與命運之神作對。

湯瑪斯．B．葛列格里博士在談到拿破崙從厄爾巴島出發、向命運發起挑戰，和全副武裝的歐洲軍隊展開最後一場殊死戰鬥時，這樣評價道：「在這位小個子的科西嘉人面前，所有皇室人員、軍人、大臣都像見了鬼似的倉皇逃跑。還從來沒有一個人能夠像拿破崙這樣，只用了二十天的時間，便勢如破竹地佔領了坎城，進入了巴黎的杜伊勒里宮。」

希歐多爾．羅斯福的人格力量和影響力，也堪稱空前絕後。在叱吒政壇的近四十年時間裡，他強大的人格力量，爲整個國家帶來了巨大的影響力，而他也成爲美國歷史上最偉大、最無畏的英雄之一。無論他走到哪裡，都能給人以奇妙的感覺，即使不認識他的人，也會對他產生極大的興趣。

羅斯福先生的人格如此強大、充滿力量，讓人不由聯想到山洪到來時的壯觀情景，或者是尼加拉瓜大瀑布無盡的力量與能源。他獨特的魅力感染了周圍無數人，這種人格魅力用不可思議的力量，緊緊吸引著周圍的每一個人。據說，就算是那些無比固執的人，一旦進入了他的磁場範圍後，也會改變想法，漸漸和他的想法趨於一致。

一位很了不起的編輯，在和他的朋友說起羅斯福時說：「我並不是羅斯福的崇拜者。你也知道，我在報紙上已經抨擊他多年了。我並不贊同他的觀點，他的許多觀點和許多做法我都不喜歡。但是我必須承認，當我和羅斯福同處一室時，我必須盡全力來抵制他的思想，他簡直就像一塊磁鐵一樣有吸引力。他是最優秀的人之一，和他交談五分鐘後，我必須花上二十四小時，才能擺脫他強大的個人影響力，才能重新回到我的老路上來，繼續和他叫板！」

正如太陽能夠吸引九大行星一樣，像羅斯福這樣的偉大人物，能夠以其獨特的人格魅力，讓無數人感受到他強大的號召力，以及難以名狀的影響力。

在羅斯福被提名爲總統候選人的那一屆內閣會議上，我正好也在白宮。當時出席會議的不僅有政府要員，而且還有美國最高法院的成員、國會的核心人物，以及來自各個州的傑出政客。可以說在那一屆會議上，聚集了全美國的精英人物，羅斯福總統輕而易舉地，捕獲了在場所有人的注意力，他的演說讓前面登臺的每個人都黯然失色。

有些人的影響力，只能吸引某個特定類型和氣質的人，對其他類型的人，起不到任何作用。但羅斯福的人格力量卻吸引著各類人。大自然幾乎將宇宙中的各種力量，都賦予了這個男人，讓他能夠發揮自己強大的影響力。不論他走到世界的哪個地方，不論是和文化程度高的人，還是和文化程度低的人相處，也不論是和最有才智的人，還是和未開化的野蠻人在一起，他都能引起人們的注意。他被全世界諸多國家甚至部落所知曉。

當塔夫特先生擔任總統時，我正在阿拉斯加的印第安部落旅行。其中一個部落首領，也不知怎麼知道了我認識羅斯福總統這件事，於是他把我叫到旁邊，告訴我政府正在計畫將他們這支部落，從自己最喜愛的島上驅逐，而這個島是他們世代繁衍的地方，所以這個島對他們來說無比珍貴。阿拉斯加所有的印第安部落都將被迫北上。他請求我傳話給羅斯福總統，能否將這個計畫終止。我告訴他，羅斯福已不再是總統了，塔夫特總統才是能幫助他的人。但他卻固執地認為，除了羅斯福，他誰也不相信，誰也無法幫到他。

個性鮮明的人，幾乎在任何時候都能勝出。有一次，一個記者去採訪洛德・諾斯克里夫，回來後有人問這位記者有什麼收穫。

「收穫？『損失』還差不多。我在他那裡一無所獲，他卻在我身上撈了一把。」

有一次，我派一個年輕人去採訪紐約的一位優秀保險人，想要瞭解一下他如何從一貧如洗，奇蹟般地爬到了今天的位置。回來後，我問這位年輕人，是否瞭解到了這位保險人的奮鬥歷史，他回答：「沒有，但他卻得到了他想要的。」這位年輕人買了一份五千美元的保險，他說他知道自己買不起，卻又無法抗拒。

偉大的律師魯弗斯・喬特是一個誠實的人，毫無疑問的，他只願意做正確的事情。他生來就具有極強的說服力和儒雅的舉止。這一切能夠左右那些思想薄弱的陪審團成員，使他們的裁定跟著喬特走。這位偉大的辯護律師，能夠在那個特定時刻，完全將自己的思想，灌輸到陪審團成員的腦子裡，讓他們不再是自己、無法表達自己的想法，完全跟著辯護律師的思路往下走。陪審團成員會在不知不覺中，按照他的方式去思考，接受他的觀點、放棄自己的想法。他的影響力魔咒般地控制了法庭上的每個人，即使在做出裁定之後，這種影響力仍然存在。陪審團成員常常會感覺到，這種力量在宣判過後的幾天裡，仍然能夠左右他們。

詹姆斯・G・布萊恩能夠用他強有力的人格魅力影響一大批人，霍爾議員在晚年時期說過：「即使是他的敵人，也難以抗拒他的魅力。無論他走到哪裡，都能感受到約翰・海所說的那種『狂熱的愛』。」

關於喬治・威廉・柯帝士，威廉・迪恩・豪厄爾斯這樣寫道：

「世界上有許多偉大人物，雖然他們也是普普通通的人，但他們的名字卻代表著某種力量。這樣的人即使與世長辭，人們也不會隨著時間的推移將他們淡忘，因爲不論他們是生是死，他們和我們之間的距離都是相同的。他們從未來過我們生活的地方，但只要是閱讀過他們書籍的人、聽過他們軼聞的人，都會感覺到，他們就在我們的身邊，時刻陪伴我們左右，是我們的朋友。即使在今天這個瞬息萬變的電子時代，印在郵票上的頭像，也會讓我們想起他們，永遠無法將他們從記憶中、腦海中抹去。」

第一次世界大戰期間，人們無數次感受到了人格的偉大力量。珀欣將軍、貝當將軍、霞飛將軍、福熙將軍、黑格將軍，他們都是改變世界命運的領袖。

時間無法爲強大的人格魅力設限。八旬法國人克萊蒙梭、湯瑪斯・A・愛迪生、前哈佛校長伊里亞德、萊曼・阿伯特、小約翰・D・洛克菲勒，他們均年事已高，但他們的個人影響力，已經或者仍舊對這個世界有著深遠的影響。

菲力浦・布魯克斯告訴我們：「我們應該感謝生活中的大部分東西。比如，夜空中的繁星，默默無聞地將光輝灑向大地，我們抬頭仰望星空之時，便能從中感受到一種寧靜而悠遠的力量，獲取一份勇氣。如果我們無法對別人有所幫助，相信自己能夠成爲一個有助於他人的人也未嘗不可。我們應當知道，一個謙卑的人，只有讓世界因自己的美德而變得更加美好，只有讓自己身上的美德幫助到或安慰到他人，才能成爲一個眞正強大、文雅、純潔、端正之人。」

第3章　成為你想成為的人

坎特說過：「教育的目的，是讓每個人都能在最大程度上挖掘自己的才能。」

另一位作家說：「人生最大的任務，就是找到自我、實現自我，並將自我的能力發揮到最高境界。」

我們都知道，我們的內在其實存在兩個自我：一個是當前的自己；另一個是可能成為的自己，即潛在的超我。我們都知道自己一路走來都做了些什麼，也知道自己現在的情形如何，但是對於那些本應做的事情，以及那個未曾實現的自我，我們只能報以遺憾，對於上帝寄予我們的期待，也只能空悲歎。

儘管世界總是用我們現實的情形和我們現有的成就來評判我們，但是，我們卻應該按照自己的能力、自己的發展空間來衡量自己。我們內心有一些東西，總在不停地告訴自己，我們一定有能力，做出比現有成績更大、更了不起的事情，那為什麼不從現在開始做起，做更大的事，實現更大的自我價值呢？

你將成為的那個人，
就在前方等著你。

或許，你已經不只一次用目光捕捉到了他，就在你躊躇滿志的那一刻、就在你意氣風發的那一刻，你已經看到了那個了不起的自己，你所渴望成為的樣子。那你為何還要將他藏在幕後，而讓你內在的那個平凡自我主導你的生活呢？每個人都可以成為更偉大、更優秀的自己，你何不將他喚醒、呼喚他出來，讓他將你生命的訊息傳遞給這個世界呢？

許多人之所以沒有實現偉大的自我，主要原因之一，就是他們並沒有認識到自己的潛在可能性，對自己最大的潛能一無所知。如果我們仍然對自己和自己力所能及的事情，抱有一種自貶、保守的態度，我們必定難成大器。

生命就像一塊大理石，要靠我們自己來雕琢。我們的生活到底怎樣，取決於自己大腦中的構思。要想塑造偉大的個性，我們首先必須要有偉大的思想。任何雕塑家在開始創造之前，首先要在心中有一個總體的輪廓；任何畫家都是在胸有成竹之後，才開始揮灑潑墨。人只能隨著自己的思想前進，任何畫家，如果他心中所想的是猶大的形象，他就絕不可能讓基督躍然紙上。在他下筆之前，腦海裡必定要先構思出耶穌的樣子來。同樣，一個建築師必須畫好建築圖之後，方可建起一座宏偉的大廈。建築圖也就是建築師思想中的模式。

每一天，你都在改變著自己的生活。今天的你已不是昨天的你，你永遠不可能回到過去。生命處在連續不斷的變化當中，你身體裡數以百萬的細胞，總在不停地更新、變化。你的氣質也將受到思想的影響，你的欲望和情感鑄就了你的氣質。

如果你想要在外表、思想、道德和精神方面，都表現出卓越和超群的氣質，那麼，你就要不斷地去想像，自己達到最高境界的那一刻、最崇高的那一刻、最躊躇滿志的那一刻，並努力讓這些成爲打造你生活的範本。要努力讓這一切，永遠停留在你的生活中，無論任何時候，只要想到自己，就要朝完美、眞實、美麗、正義、和諧的方面去想，要想著自己在任何一方面，包括身體上、思想上、道德上、精神上都是美麗的。要把你自己想像成你理想中的樣子，完美是你與生俱來的權利，那是你身體中的每一個細胞，都能夠最終達到的目標。

你要將思想中存在的一切自卑的思想，從生命中驅逐出去，如果你自認爲具有這樣或那樣的缺點，如果你不把這些想法從腦子裡趕出去，重新打造生活的範本，你就永遠不會有所進步。

假設一個年輕人想要學習法律，並打算將法律作爲終身的事業，然而他卻總是想著，自己永遠也不可能成爲一名好律師，他竟然不斷將自己想像爲一個差勁的、能力有限的律師。那你認爲他什麼時候才能成爲法律界的精英呢？他永遠也無法達到自己理想的目標、永遠也無法成爲法律界的大師，除非他能改變自己的想法。

要將自己事業中的一切都理想化，絕不能任憑自己軟弱的個性壓迫自己，你要將生命中的才能，發揮的淋漓盡致。要在思想上，爲生活設計一個偉大的範本，並不斷延伸它、擴大它，在這裡，無知將不再有容身之地。只要你在思想中，還認爲自己是一個軟弱無力的傢伙，一個沒有骨氣、沒有個性的人，你就無法振奮起來成爲一個強大的人。因此，你一定要杜絕自己不如人、自己無能的想法，要時刻想著自己是精力旺盛的、能力超群的。要做自己的主人。

如今，世界上還沒有哪個人，能達到自己能力的上限，能在最大程度上，發揮自己的天賦。我們都是平庸的人，就算是技術再高的人，在生產和生活方面也依舊是業餘水準。比起我們可能成爲的人，我們依舊是弱小的。

我的朋友，在你的內部，早已鎖定了各種力量和潛力，如果你利用它們，你的生活就會發生一場革命，你就會心想事成。那爲何不將這扇門打開，將你內在的力量釋放出來，將那個偉大的、潛力無限的自我解禁出來呢？

你內心深處眞正的那個人並非今天的你，並非那個只會做一些微不足道的小事情，只會讓你不滿、失望的你。是那個卑微的你，搶奪了強大的你應有的位置，才讓今天的你，做出了這些庸俗的事情。你理想中的、潛在的那個人，才是一個眞正強大的人，是你應當去鼓勵的那個自我。他不是那個因碌碌無爲而令你蒙羞的人，而是那個你渴望成爲、並且可以成爲的那個前途無量的人，是擁有至高無尙人格力量的人。

我們完全是自己思想的產物，是對自我深信的結果。日復一日，你會不斷朝著自己想像中的一切靠攏，你會漸漸成爲自己思想中所設定的那個範本的樣子。你希望成爲的那個人，此刻正在透過你的個性、人格、成就漸漸顯露出來，也正因爲如此，你所懷有的理想、你爲自己打造的模式，才會在自我發現的過程中，或起到加速的作用、或起到阻礙作用，才會顯得如此重要。

許多人自甘墮落，在思想上自暴自棄，看輕自己的價値。或許他們從小生活的家庭環境，造就並加劇了這一切。如果從小就不是十分活躍的孩子，在學習上被老師和家長訓斥爲很傻、很遲鈍，腦子不開竅，永遠也成不了才，久而久之，這種印象就會深深地紮根在他們的潛意識當中，就會成爲他們生命的一部分。到了這個時候，再想將這部分錯誤、狹隘、消極的東西，從思想中清除就成爲一件困難的事情，即使此時他有了更大的理想，這種潛意識也會影響潛力的發揮。要想對自己進行客觀公正的判斷，唯一途徑就是了解到自己天性中，具有聖潔的力量這一事實。這樣他才能夠知道，每個人都不應該有自卑的想法，在一個人眞正的自我中，根本就不存在任何次等的東西。

許多靠自己的努力獲得極大成功的人告訴我，當他們還是卑微的小職員、有的甚至只是辦公室打雜人員的時候，他們就下定決心，要成爲所在公司的合夥人，或者自己也創辦一家類似的公司。那時候他們並沒有意識到，按照自己心中所堅持的理想範本，他們不停地將自己想像成爲一個獲得巨大成功的人，這一切其實就是一種巨大的創造力和動力，正是這種力量，給他們帶來了渴望已久的結果。

珀欣將軍在很小的時候，就夢想成爲一名戰士。他心目中的英雄是喬治・華盛頓，他最大的願望，就是成爲華盛頓那樣的人。無奈家道衰敗，爲生活所迫，他只能去教書，與成爲一名戰士的夢想相去漸遠，但這一切絲毫沒有削弱他對成爲一名偉大戰士的渴望。從孩提時代起，他就一直爲這個理想模式而努力著，最終從密蘇里州的一名年輕的窮教書匠，逐漸成長爲美國駐法遠征軍的傑出領袖，成爲第一次世界大戰中，僅次於福熙將軍的一代名將。

菲力浦・布魯克斯曾經說過：「每個人的靈魂中都隱藏著一些東西。所以在生命中的某個特定時間裡，人就會產生一種力量極爲強大的、令人震撼的渴望，想要施展拳腳，做出一番大事情來。生命中無盡的力量源泉，恰恰就潛藏在一個人渴望拼盡全力的衝勁當中。」

生活中最大的悲劇之一，便是對自己的天賦渾然不知。如果我們能夠在任何情況下都全力以赴，那我們每前進一步、每做出一次努力，都會找到新的力量。如果你閱讀過歷史、傳記方面的書籍，你會發現書裡的每一頁，都不乏很好的佐證。凡是如同燈塔般照亮了人類文明道路的巨人們，都是毫不懈怠地，去實現埋藏在靈魂深處的崇高理想的人。

你，同樣也可以獲得巨大的成功——如果以正確的方式去追求它。只要你願意，你就能成就一番了不起的事業。路就在你腳下，內在的力量讓你能夠做你想做的事，成爲你想成爲的人，在人類的森林中，你要成爲一棵筆直的參天大樹，而不是一株低矮的灌木，要實現這一切，你所需要的就是意志力、精力和決心。

不要讓那些指手畫腳，告訴你這也不行、那也不行的人破壞了你的理想。堅信自己的能力，而不是一味想著自己有多少缺點、多麼差勁、效率多低、能力多麼有限，自信會對你的個性、生活產生極大的影響。要想做到完美，你首先要相信自己是完美的；要想效率高，你首先要相信自己的效率。如果你覺得自己低人一等或能力欠缺，哪怕就一會兒，你也必然會失去它們。

「我很健康，我充滿活力，我生機勃發，我是眞誠、眞實的，我是完美的，我身體裡的每個細胞都充滿了效率，我活力四射。」只要你對自己有信心，抱有這種想法，你就會成爲這樣的人。

艾拉．惠勒在一首名爲「告白」的優美的短詩中，這樣寫道：

我的安詳一如既往
縱然欲望在我無助的心中掀起驚濤駭浪
我的沉著，用它甜美的靜謐告訴我
什麼才是波瀾不驚
縱使胸中怒火中燒，髮可衝冠
我仍要告訴自己，冷靜方爲本色
縱然發熱令我頭疼欲裂，我仍擁有健康
緊咬牙關我堅持，力量也將因此而倍增
只有病痛過後，才能體會到完美的健康
這便是最終的補償

我在病痛折磨的日子和不眠的夜裡
總大聲告訴自己，健康屬於我，我有權擁有
縱然饑寒交迫，衣衫襤褸，我仍擁有成功
流浪是短暫的，我會微笑著告訴自己
我擁有快樂，雖然這只是個時間問題
明天，好運就會來到身邊
上帝是我的父，他擁有未知的財富
健康、幸福和金錢——我將共用他的一切

第4章 人格魅力讓你站的更高，走的更遠

人格魅力是一種只可意會、不可言傳的東西。任憑你多麼妙筆生花、任憑你多麼巧舌如簧，你也無法給它下一個準確的定義。雖然語言太過粗糙，無法表達人格魅力的精妙之處，但我們仍然能夠感覺到它強大的力量，以及它對我們所產生的魔力。任何一張漂亮的臉蛋、任何一副迷人的身材，都無法和完美的人格魅力相匹敵。縱使一個長相平平、身材不完美的男子或女子，只要他/她施展了人格魅力的力量，最漂亮的臉蛋和最優雅完美的身姿，也會在他們面前黯然失色。比如說埃及豔后克麗歐佩特拉，即使歲月也無法奪去她的多姿多彩、無法令她失去往日的光輝，這個魅力無窮的女人，總有她獨到的迷人之處。

不論是在哪個時代，男性對漂亮的面孔和美妙的身姿，總是抱有一種崇拜心理；而擁有強大個人力量的女性，則不依賴於外表的魅力。一個作家說過：「通常來說，最受人們愛戴、最受歡迎的女性，都並非嚴格意義上的美女，但她們身上卻具有那麼一點無法描述的特

別之處，我們只能將它叫作個人魅力。她們那不經意間流露的優雅舉止，她們為他人著想的態度，她們的談吐充滿了智慧，讓人舒暢。最為重要的是，她們特有的同情心，具有一種神秘的力量和親和力，如月球會帶來潮汐般，吸引著朋友的心向她們靠攏。」

歷史上有無數女性，她們外表平平、長相一般，卻給當時的時代帶來了巨大的影響。法國大革命之前，皇家社會中許多重要的領導者，皆為相貌一般的女性。蓬巴杜夫人（法國國王路易十五的情婦）除了沒有美貌，可以說在任何一方面都是完美的，就連國王的影響力較她而言也相對小的多。個人魅力是一種難以抵抗的東西，它能夠撼動法官或陪審團，讓他們偏離公正的軌道，它甚至能夠改變一個國家的命運。當我們面對一個用無聲的力量、吸引力或人格魅力，緊緊抓住我們心靈的人時，我們實難硬起心腸來拒絕他／她，對他／她說一聲「不」。

最近，我聽一位男子說道，當他最後一次見到快過七十歲生日的艾倫·特里時，她正用雙手托著下巴，深邃的眼神一下子穿透了他的心。那並非來自青春妙齡的魅力，卻具有任何一張年輕的面孔所無法匹敵的魔力，這種力量一下子就將他牢牢捕捉。七十五歲的薩拉·伯恩哈特已經毫無姿色可言，然而，她依然具有難以言狀的魅力，用她獨特而顯著的方式，緊緊吸引著人們的注意力。

據人們說，來自那不勒斯的克麗歐佩特拉和瓊安娜二世，有令人吃驚的身體缺陷，這種缺陷影響了她們的美觀，卻絲毫沒有減少她們的魅力。一些現代作者說，克麗歐佩特拉根本一點都不美麗。

女性通常過於在意外表魅力，而忽略了內在魅力的重要性。即使是用個人魅力、征服了無數偉人的法國著名女畫家斯塔爾夫人，也無法抵制對迷人外表的渴望，她竟然聲稱自己情願放棄所有的學識和才華，來換得迷人的外表。我們常聽許多女孩，爲自己平凡的外貌和比不上他人的身材而哀傷歎息，並因此而變的嫉妒和悲觀。但是她們卻沒有意識到，在她們的內在潛伏著了不起的才能，這些才能一旦被喚醒、被培養起來，定會令她們更受歡迎和愛慕，這種魅力足以彌補臉蛋或身姿上的不足，甚至超過她們所嫉妒的美麗女孩。

有一類女性，她們外表並不具吸引力，然而她們卻擁有相當大的人格魅力，這種魅力來自性格中的美德、靈魂中的優雅，以及骨子裡的女性溫柔，因此，每個人都認爲她們是美麗的。可愛、純眞、甜美遠勝於單獨外在的美。

因爲個人魅力並非與生俱來的，所以很多人便認爲不可能得到它，也就不會爲之而努力。因此，許多女孩子一生過著依附他人的生活，絲毫沒有吸引力和魅力。但是她們若能夠提高自己的綜合素質，充分體現自己作爲女性的社會價值，讓自己因此而引人注目，她們必將成爲更有吸引力和影響力的女性。

個人魅力由許多因素構成。我們都知道，具有這種特質的人，往往都有一顆善良的心，他們慷慨、無私、寬容、雅量。凡是心胸狹隘、小氣、舉止猥瑣、生活觀錯誤或扭曲的人，凡是天性自私、貪婪、喜投機的人，絕不可能擁有獲得大多數人友誼的魅力。只要一個人能夠按照道德標準行事，並且在任何想要取得成功的事情上，都按照這個準則辦事，他必然是一個備受歡迎的人。就算是一個自身並不擅長社交的人，只要肯去培養，獲得完美人氣也並非難事。

歷史上有許多這樣的例子，許多身體上有殘疾的人，憑著不可思議的人格魅力，戰勝了身體上的缺陷，獲得了巨大的成就。有許多意識到自己長相平平，甚至相貌醜陋的女生，她們憑藉著自己極大的努力，克服了外表的缺憾，做出了許多令人驚歎的成績，而這些成績只能依靠堅定的意志來實現。

只爲不再受人恥笑、鄙視、嘲笑而努力，最後得到的結果卻往往令人大吃一驚。

我認識一個女孩，她長相普通，極不討人喜歡，除了幾個親近的朋友之外，似乎沒什麼人喜歡她。她對自己的不受歡迎十分敏感，也十分懊惱。這種痛苦如此深刻，令她無法釋懷，所以她最終決定要戰勝自己的弱點。她雖然不像她的妹妹那樣有一張迷人的臉蛋，但她卻憑著自己的內在美，贏得和漂亮妹妹同樣的受歡迎程度。她系統地、堅持不懈地培養自己的內在素質，進行廣泛的閱讀。她尤其喜歡閱讀一些哲學方面的書，這對她的提昇很有幫助。她還想一些美好的事物，並對未來抱有崇高的理想。她開始挖掘自己性格中可愛的地方，並且一直想著自己會變的很美、很有吸引力，與此同時，她深知靈魂美更爲重要。她學會了從思想上清除自己不漂亮、不受歡迎的念頭，在她眼裡只向理想的自己看齊，完美、美麗。她堅持認爲，在她的眞我當中，無論思想上或外表上，絕不可能有不完美或者醜陋存在，雖然鏡子似乎在否認這一點。沒過多久，這個女孩便發現，她的外表正在被這些美麗的想法所改變，她正在贏得先前排斥她的人的喜愛，最終，她的善良、禮貌、無私令她的受歡迎程度，超過了自己美麗的妹妹。

在任何一個聚會中，她都是那麼受歡迎，漸漸成爲鎮上社會事務中的領頭人物。她爲自己打造了一個美麗的靈魂，這令她極具吸引力，讓人們忘掉了她平凡的五官。

瑪格麗特·博頓王妃在致女兒們的信中，這樣寫道：

想著美麗的事物，希望自己美麗是人之常情。但是，你們應該去追求一種更深層次的美，那便是性格上的美。只有性格上的美才是永恆的美麗，才是歲月無法銷蝕的美麗。每天你都可以運用這些東西讓自己更加美麗，它們分別是——愛、歡樂、平和、和善、文雅、仁慈、樂於助人。

只要你不吝惜這些能夠讓你更加美麗的東西，你性格上的缺點就會逐漸減少，你因焦慮和太過在意所導致的皺紋就會逐漸消失，你會獲得眞正的美麗。

臉部能夠反映一個人靈魂深處的美麗。優秀的女性，往往能將內在的東西透過臉部表露出來，就算臉龐並不是完美的，也絕對比一張靈魂空洞的洋娃娃臉更具吸引力。只有靈魂中的迴響，才能算作眞正意義上的交流，才能讓我們有眞正的滿足感。

我們應當想一想，父母關心的首要問題，是培養孩子良好的習慣、塑造高尙的人格。然而，很多時候，父母卻將這一切留給了機會。有那麼多原本美好純潔的少年，在漸漸步入成年階段時，非但沒有形成令人喜愛的習性，反而形成了令人爲之蹙眉的個性，這著實是件令人痛惜的事。在擁擠的火車、汽車上，或在一些公共場所裡，我們總能看到一些令人反感的人，這些男男女女行爲自私、行事粗魯，不顧他人的感受，充分說明了他們從年幼時起，就缺乏良好教養。

一個討人喜歡、令人感興趣、懂得取悅他人、具有魅力的人，絕不會是一個沒有能力的人。如果一個人生來不具有這些性格特徵，我們可以透過後天努力逐漸培養。我們總是十分欽佩那些富有人格魅力的人，卻極少辛辛苦苦在自己的孩子身上培養這種能力，讓他們將來也能成爲這樣的人。

落落大方的舉止、迷人而富有吸引力的外表、禮貌而深得人心的做事方式，要比一個沒有上述內容的高等教育文憑更有價值，因爲這一切才是決定一個人人格魅力的重要因素。

可以說擁有魅力的光環，對於女性的一生來說是至關重要的。假如她不論走到哪裡，都散發著甜美的氣息，讓人眼前一亮，樂於助人；假如她外表裝束得體，舉止迷人，那她便擁有了一種由內而外的力量，我們通常將這種力量稱作知性美。我認識許多具有這種迷人魅力和個性的女性，面對這種女性，你幾乎會忍不住在她們需要的時候，付出你的全部。

對於在十八世紀末、十九世紀初，曾撼動了巴黎上流社會的雷卡米耶夫人，以及她所具有的魅力，一位歷史學家做出了這樣一番評價：

這位美麗的夫人身上，不僅具備最高層次的知性美，而且待人極爲眞摯誠懇。在她青春年少之時，喜歡幫助他人，令她對生活充滿熱情，在後來的幾年裡，這種熱情略微減退，但隨即又轉化成了一種發自內心深處的情感，這種情感就是努力讓身邊的每一個人快樂。

如果你想要讓自己被魅力的光環所籠罩，那麼，任何事情也無法阻擋你獲得成功。任何人都可以擁有像雷卡米耶夫人那樣的美德，在這個世界上，只有道德的力量才是最強大、永恆的力量，也是人人都可以具備的力量。

第5章　優雅平和的個性是一筆財富

有一次，有人問美國一位金融巨頭，是如何爲自己的大公司物色人才的，他回答道：「我要尋找的人，首先要具備優秀的個人品質。」換句話說，雇員的個人素質對他來說十分重要。如果他能夠找到一個人品端正、有敏銳的商業頭腦、誠實、忠誠的人，他就會感覺自己擁有一筆價值不菲的財富。

眼下，人們對於個人品質的呼喚，已經到了一個空前的強度。因爲品質優良的人具有的能力，更易於得到人們的認可，這種人更有影響力，所以，優秀品質能令一個人的能力，在原有基礎上翻倍，而這一切也恰恰是商業人士所追求的東西。一個人的價值，單單用能力來衡量是不夠的，其他的衡量因素還包括說服力、令人感到愉快的能力、讓人們對他感興趣的能力、讓人相信他的能力。

你的個性是令人感到舒暢呢，還是讓人感到不悅？你是否讓每個和你打交道的人，都感到厭惡、反感？所有的這一切，都對你在生活中能否獲得成功至關重要。在商業活動中，個性的作用和它在社交活動中起的作用同等重要。你的薪水取決於它，合作關係建立在它的基礎上，在很大程度上，財富的積累也受到它的影響。一個討人喜歡的個性所產生的影響力，往往會勝過財富或地位的影響力。

就在不久前，我聽說了一位年輕人，他無論是從外表、專業技能還是教育程度上，都和他所在的職位完全匹配，然而，他卻未能勝任這個重要的職位。他擁有所有的優勢，唯獨一件事情除外，那就是他交不到朋友，也留不住朋友。這位年輕人不論走到哪裡，雇主和同事都對他的工作能力和受教育程度無可挑剔，但他就是不能和其他人很好地相處。他非常自我，且盛氣凌人，他的雇主和同事們都不喜歡他。他一點都不合群，而且總給人一種高人一等、喜歡左右他人的感覺。正因爲如此，雖然他文憑高、能勝任緊缺職位、有能力、教育背景良好，但他始終無法保住自己的理想工作。

阿諾德·貝內特說：「生活的藝術，汲取全部個人力量的藝術，並不完全來自書本教育，也不在於刻意地追求外表美麗，更非王權所能支配。主要在於一個人平和的心態，那是一種完全徹底的平和，這種平和能夠帶動周圍的每一個人。」

這個世界上有許多人發展的不好，主要原因是他們無法和他人友好相處。他們讓身邊的人感到苦惱不已，他們不友好、充滿偏見、帶著有色眼鏡、狹隘偏激。這種人通常日子並不好過，因為當他們自己有麻煩的時候，總認為是別人辜負了他們。他們並沒有意識到，待人友好、和善以及保持友誼的能力，在生活中起著多麼大的作用。

美國一位偉大的律師兼外交官約瑟夫．H．喬特，極具親和力和個人魅力，連許多他從未見過的人都十分喜歡他。毫無疑問，這一點對他被任命為駐英外交大臣，起到了相當大的作用。其他的律師或許能力強於他，但是他身上卻擁有一種奇妙的、令每個人都喜歡他的魅力。正是他的個性，讓他的精神力量得以倍增。

不論你的職業是什麼，提高自己的受歡迎程度，總是件值得的事情，因為受歡迎就意味著力量和影響力，就意味著你正走在通往權威的道路上。受歡迎意味著贏得客戶、意味著影響和力量，讓你在不知不覺中得到他人的全力支持。

我忽然想起了一位富有個人魅力的銷售人員，一個天性溫文爾雅、待人友善、人格健全、寬宏大度的人，他根本用不著刻意去做什麼，就能有很好的銷售業績。我常常會從他手裡，買一些自己並不是十分需要的東西，僅僅因為我喜歡他的性格，有些情不自禁而已。他並沒有逼著我去買，我買他的東西，只是因為我喜歡這位銷售人員。他是如此幽默、有吸引力，每個人都樂意和他做交易。這位男士並沒有像其他銷售人員那樣，反複強調自己的產品，竭力想要打破堅冰，留給他人一個好印象，然後再將自己的觀點轉變成一絲希望，他僅僅是散發著自己的光和熱。

他讓我想起了一則寓言故事，講的是太陽和北風在比賽，看誰能讓一個正在地面上行走的人，脫去他的斗篷。北風拼命地吹，企圖將行人人身上的斗篷刮跑，將斗篷從他的身上掀起來，然而，這個人卻將斗篷裹的更緊了。接下來，太陽將溫暖、柔和的光照在行人身上，他感到越來越熱，最後脫掉了自己的斗篷。陽光僅僅是照在行人身上，在無聲無息之間，就做到了北風用盡蠻力無法做到的事情。

如果我們能夠分析一下，哪些品質能夠讓我們在商業或職業生活中取得成功，然後以百分比的形式將它們排列出來，我們就會發現，文雅的舉止和取悅他人的藝術，占到了整個有效部分的25%，甚至50%。

我們中很少有人意識到，寬厚的個性會產生多大的影響，我們只知道，這種個性影響著一個國家的立法，能夠造就有號召力的總統。誠然，寬厚所產生的力量，有時或許並沒有得到恰當的應用，但我們絕不能否認一個事實，那就是它對國際事務有著極大的影響力。

擁有寬厚個性的人，能夠爲全世界造福！誰又能估計得出這種品質，對於新聞記者和通訊員而言，具有多麼大的價值！據說，整個歐洲很少有人或機構拒絕德．布洛威茨，他甚至能夠進入那些專用的私人辦公室或場所。在他強有力的個人魅力面前，所有的對手似乎都得退讓三分。對別人緊緊關閉的門，也會爲他而打開。

一些具有個人魅力的雄辯家，能夠緊緊吸引聽眾，對聽眾所產生的影響，遠遠超過了他們的正常理性範圍，所釋放的力量，能夠給聽眾帶來強烈的興奮感，而這種力量，似乎是一種獨立於演說詞以外的東西。其他的演說家可以使用同一篇演說詞，但他們百分之百無法像天才演說家那樣，展現出魔力般的神奇效果，那樣深深吸引觀眾。

據說查理・狄更斯具有強大的個人魅力。當他走進房間時，給人感覺就像一團火，一下子就溫暖了周圍的每一個人。據人們說，歌德同樣具有超乎尋常的個人魅力，不論他走入哪家餐館，就餐的人們都要放下手中的刀叉，向他投去景仰的目光。有人甚至說獨立戰爭中的戰士，不是在爲自由而戰，而是爲華盛頓而戰，只因爲華盛頓擁有強大的人格魅力。無論他出現在哪裡，人們都能強烈感受到他的人格魅力。

著名的建築師查理・F・麥金留給世人的作品，有紐約公共博物館、哥倫比亞博物館、麥迪遜廣場花園，和同在紐約市內的賓夕法尼亞航空站。艾爾伯特・凱爾西在費城《公共記錄報》中曾對查理做過這樣一段描述：

當聖・高登斯還是德國的一個小鎮男孩時，就常常稱這位賓夕法尼亞人爲『迷人的查理斯』。他給人以教養良好、安靜平和的感覺，有一種讓人難以抵擋的吸引力，再加上他那種堅持不懈的精神，這一切令他能夠克服巨大的障礙。

在商業界裡，我們每天都能目睹個人品質所發揮的重要作用。我們都喜歡和容易相處或脾氣性格相投的人交往、做生意。不論是購買商品還是預訂賓館、火車票，我們寧願多走幾步，去接受更好的服務。與此同時，我們儘量不去和敵對的、難相處的、冷冰冰的、不友好的人打交道。這樣的個性無法贏得生意和朋友。

一個做賓館生意的人，或許會因其親切的態度、熱情的服務、關注客戶需求，以及對每位客戶一視同仁的禮貌，而建立起一個龐大的業務圈，將自己的生意做的有聲有色。但是，一家聯合企業出高價買下了他的賓館，並重新委派了經理及業務員。新的一班人馬在業務能力方面同樣出色，但是缺乏之前經營特色中的親切感，很快，賓館就流失了許多老客戶。就這樣，他們失去了「友好」這筆珍貴的無形資產。

有些時候，個人品質往往能勝過其他方面的影響力，最終能讓一個人達到成功。如果你想要拿下一個大的商業訂單，如果你想要獲得一個特殊的優惠待遇，如果你希望得到他人的幫助，僅僅依靠電報、電話、信件是不夠的，因爲任何手段，都比不上親自拜訪面談所收到的強有力的、極具影響力的效果。

一位傑出的保險經理，以能夠雇用到有能力的保險業務員而著稱。這位經理十分注重面試時候，對方留給他的第一印象。

多少年來，這位保險經理的辦公桌，一直設在一間狹長辦公室的最裡端，這樣一來，只要應聘者一進入辦公室，他就能夠看到對方的整體形象。他思維敏捷、目光敏銳，能夠捕捉到每個表明一個人能力的細節。他正是根據這些細節，來對一個人的能力做出評判的。他仔細觀察應聘者的動作、走路的姿勢、甩胳膊的樣子、手拿帽子的姿勢、落座的方式、談話的方式、禮儀舉止，尤其是應聘者的眼神，他需要知道眼前這位應聘者的心中，是坦蕩的還是鬼鬼祟祟的。

一個胸襟坦蕩的人在和你交流時，眼神中透著正直，沒有絲毫退縮，表明了他的思想是堅定的，他是自信的，通常也是思想純潔的。應聘者的一切，都在保險經理謹愼而經驗老道的考察之下無處遁形，考察過程一般分爲三個步驟。他先將各種問題放到應聘者面前，目的是要激發應聘者，以衡量應聘者的能力、毅力和耐力。他想要知道眼前的應聘者，是一個有骨氣、有鋼鐵般意志的人，還是一個容易受干擾、動不動就灰心喪氣的人。簡而言之，他要弄明白應聘者是否具有獲勝的素質。

這位保險經理一直認爲，外表形象對於一個好的保險業務員來講，並不是很重要，但是，一個人由內而外所散發出的氣息，也就是說無形的人體氣場決定著一切。

不論是男性還是女性，良好的教育固然是一個優勢條件，但是我們中的大多數人，都太過強調教育背景、天資稟賦和專業技能。我們似乎覺得這些才是決定一切的因素，但是比起才華學識來，一個人的個性特徵與能否取得成功，關係更爲密切，在更大程度上決定著一個人的社會地位、在社交和生意上的進步，以及在社會中的立場。

在我們周圍，我們總能看到這樣一些人，他們所得到的一切，顯然和他們的「實際」能力並不成正比，但他們卻擁有討人喜歡的個性。人們都喜歡和寬厚的人在一起，「是你的微笑，讓你在事業的道路上一帆風順」。

桃樂西．迪克斯說：「在公司的辦公室裡，一個美麗、文靜、面帶微笑、富有情趣、開朗大度的女孩就像一道陽光。她的個性就是一種奇妙的化學物質，能讓周圍的每個人都感到很舒服，能讓整個辦公室裡充滿寧靜、健康的氛圍。擁有良好的個性和擁有廣博的才學之間並不衝突。一個面帶微笑的人，完全可以是一個一流的會計師。一個女銷售人員在學習銷售技巧的同時，完全有必要兼修提高個人影響力的技巧。對打字員來講，熟悉打字機鍵盤系統和熟悉人緣系統同等重要。」

一位作者在《經營中的哲學》一書中這樣寫道：「我將商業生活中理想的個性定義為『personality』。以這個詞的每個字母為首字母，我總結出了下列幾個詞：堅持（perseverance）、熱忱（earnestness）、可靠（reliability）、誠摯（sincerity）、樂觀（optimism）、不矯飾（naturalness）、能力（ability）、忠誠（loyalty）、主動（initiative）、整潔（tidiness）、渴望（yearning）。或許我們應該將渴望排在第一位，因為正是這種不斷自我提高的欲望，以及為雇主奉獻最好的服務、發揮自己最大能力的願望，激勵著一個在商業界成功的人，不斷去追求以上提到的其他幾個方面。」

不論你身處何種行業，你都不能低估培養自己，將人們吸引到身邊的良好個性的重要性。這些優秀品質，在你生命開始的時候就伴隨你而來，只等著你去發現它們。一個人只有不斷進行自我發掘和培養，才能擁有至高的人格魅力。

第6章　美好的個性吸引美好的事物

如果你分析一下周圍的人，你就會發現每個人都像一塊磁鐵，能夠將與自己相似的事物吸引到身邊來。

有的人能夠讓那些令人愉快的、宜人的東西來到自己身邊，而有的人似乎總免不了招致一些討厭的、讓人不愉快的東西。有的人是一塊快樂的磁石，總被歡樂、愉快、美麗的事物所包圍，而有的人卻是一塊陰鬱、悲觀、喪氣的磁石，包圍在周圍的一切，多少都有點憂傷、黯淡、乖僻、病態。有的人是一塊幸運磁石，能夠讓好運、富足、心想事成一路滾滾而來，而有的人卻正好相反，十之八九會吸引一些不幸的事情，對這些人來講，沒有一件事情是像樣子的，時間總是不對，機會不是來的太早就是來的太晚。當他做好準備時，機會不是已經離開，便是尚未到來。其實，之所以會這樣，原因全在於他自己。有一句話叫「物以類聚」，每一個事物都具有吸引類似事物的性質。

亨利・沃德・比徹曾經說過，有些人會被不良的事物纏身，那是因為他本身就具有某些不良的傾向。比徹之所以能夠吸引「人類最好的朋友」，那是因為他本身就做的很好。就像花兒總喜歡朝著太陽那樣，一些光明的、向上的、令人愉快的事物，自然而然就來到了他的身邊。無論他所處的環境多麼陰霾黑暗、疾風暴雨，總會有一層陽光包圍著他。這個世界上一切物體的運動，都是在外界力量的作用下發生的，任何運動物體只會對類似於它的東西做出反應。

我們對其他人所產生的感覺，包括情感、情緒、引起我們興奮的激情，其實都直接反映了我們自身的性格、個性和人格。我們對他人的感覺，恰恰反映出了我們對他們的態度和心態。如果我們總是覺得別人愛懷疑、不信任人、好眼紅嫉妒，那只能說明我們自身性格中有這些缺點。

如果你希望自己擁有完美的個性，能將自己所期待的人和事，吸引到自己身邊來，你就必須根除自己天性中一切不友善、令人反感的東西，培養自己的愛心和樂於助人、善於鼓勵他人的品質。

我認識的一個年輕人，心裡感到十分鬱悶，他說自己沒有魅力，不受歡迎，向我求教如何才能讓自己有吸引力。我讓他研究一下那些有吸引力的人，多留意這些令人羨慕的人身上，到底有些什麼特別的品質。

這位希望培養個性魅力的，是一個很有志向的人，但他的志向是出於自私的理想。他勤奮好學，希望自己能出類拔萃，他希望能夠從別人那裡儘量多得到東西，多吸收和索取，卻從未對他人有過任何付出。他就像一塊海綿，只知道索取，不知道付出。然而，眞正具有人格魅力的人，卻是與他相反的人，這類人給予他人很多。他們之所以能夠擁有吸引力，是因爲他們全身上下都充滿了各種個人魅力因素。如果仔細分析一下某個極富人格魅力的人，就會發現，他身上有一種和善、寬厚的天性，並非那種小肚雞腸的人，而是一個目光長遠、寬宏大量的人。

自私自利、心胸狹隘、刻薄小氣，尤其是好嫉妒、眼紅他人的人，是永遠也不會有吸引力的，能夠給人帶來吸引力的，是那些惹人喜愛的品質。至於這位向我諮詢的年輕人，如果他無法將這些品質培養起來，就無法獲得個人魅力。

「愛是一切甜美個性中最基本的要素。」

要想獲得朋友、要想贏得愛戴，你必須讓自己成爲一塊愛的磁石。你必須讓周圍的人感覺到你友好、樂於助人、友善、充滿愛的態度。如果你所表現出的是一種苛刻、狹隘、小氣、自私的心態，那你絕不可能得到愛的回報。所以，一個人只有付出了，才會有回報。你所給予的愛、友善及熱心越是慷慨，就會有更多的愛作爲回報來到你身邊。

我們身上必然具有某種品質，正是這種品質，將我們希望的東西吸引而來，它們絕不會不請自來。所以說，一個消極的人，絕不會吸引到積極的東西，來到他身邊的一切事物，必然是消極的和負面的。因爲他身上不具備吸引積極、正面事物的品質，所以，那些積極正面的東西是不會找到他的。

林肯是一個擁有神奇吸引力的人。在他的個性中，最大的特徵便是人格的力量，遠遠超過了智慧的力量。正是他那顆寬厚、充滿愛、憂國憂民的心，讓無數人緊緊團結在他身邊。在他偉大的個性中，你絕對找不到一絲一毫的惡意和狹隘。

我認識許多這樣的人，他們急切地想要提升自己的人格魅力，想要吸引他人，但他們卻又是那樣的自私、刻薄、小氣，那樣的不寬容，對他人總是抱有偏見，喜歡嫉妒他人的成功，這樣的人永遠不會有任何吸引力。這樣的品質有悖於人格魅力所必備的品質，永遠不會和別人有心貼心的交流。那些嚴重缺乏同情心的人，對他人冷冰冰、自私、漠然的人，他們很少意識到自己所釋放的精神力量，能夠以同樣的形式不斷反彈回來，並形成相應的人格特徵。一個人應該儘量讓自己性格中嚴厲、冷淡、剛愎、自私的一面收斂起來，將這一切留給自己，而對待他人應當是友好的、鼓勵的、寬容的、雅量的、富有同情心的、和善的。這樣一來，一個人才能源源不斷地散發出吸引力，才能得到他人的友誼。

要想擁有迷人的、受人愛戴的個性，你必須要有所犧牲。是的，這是必然的！世界上一切有價值的東西，必然要用一定的代價去換取。價值越大，你需要付出的就越多。一個年輕人要想成爲一名律師、醫生或商人，必然要付出一定的代價，他需要一個人年復一年不斷努力耕耘、辛勤工作。要成爲一個受歡迎的人，同樣也需要付出。一個自我封閉的人，永遠不會擁有優良的人品。如果你只和自己同類的人打交道，如果你不合群、不肯敞開心扉接受人與人之間的友誼，你就不具備吸引各種類型人的能力。人氣旺的人總是那些擅長交際的人，他們喜歡和人交往，並且能夠自如地和他人交往，他們喜歡進入其他人的生活。

有些人擁有豐富的知識，這些人本應是胸襟寬闊、慷慨大方、富有同情心、海涵雅量的，卻因不肯付出而過著狹隘、保守的日子。

受人喜愛的人，正是那些熱心腸、和藹可親、寬厚、善良、人格健全的人。而那些冷血、漠然、自私、自我封閉的人，那些不善於和人交往的人，對除自己以外的任何人都不感興趣的人，不論他們多麼有錢、多麼有能力，都會處於極爲不利之地。

我認識一個十分聰明的人，他卻一生都過著隱士般的生活。長期以來，他都是獨來獨往的，一個人吃東西，旅行時選擇單人座位，到餐館吃飯時，也會找一個角落獨自坐下來。他很少在其他人的陪伴下去任何地方，而且他始終不明白，人們為什麼都不喜歡他。他從來都沒有給別人機會去喜歡他，他對別人向來不感興趣，那別人又憑什麼會對他感興趣呢？他不論走到哪裡，口袋裡都會揣著一本書，空閒的時候就拿出來看。他十分珍惜自己的時間，認為和別人談話就是在浪費時間。他認為去拜訪別人也是浪費時間，如果別人晚上順道來看看他，他也會很不高興，因為他覺得這是在打擾他讀書和學習。他對自己的成就、知識面及書本知識頗感自豪，卻從未意識到自己雖然掌握了很多知識，卻從來沒有和任何人分享過。他從來不願意將自己的知識傳授給其他人。

有許多人註定要在晚年過淒涼的生活，只因為他們在年輕的時候無比自私，從未曾對他人付出過些許。他們情願遠離他人，也不願意讓自己變得討人喜歡、令人愉快。他們也不願意對其他人的事情表示關注，或者走入別人的生活中。當生命步入晚年時期後，他們就會發現，一個人的成就，很大程度上取決於自身能力外加社交能力，以及和他人交朋友的能力。到了年老時，他們才發現自己已經喪失了這種能力，因為多年來形成的習慣，已經像一根無形的鏈條，將他們緊緊地捆綁起來，他們再也無法掙脫了。

許多希望從事公共事業的人，都對自己感到很失望，因為當他們從事這份工作之後，才發現自己不擅長與人交往，對工作毫無熱情。原因很簡單，他們吸引不了別人，人們對他們不感興趣，對他們的倡議和呼籲充耳不聞。

我們本能地躲避著那些總是避開我們的人，這些人從未養成過和人交往的習慣。他們令我們反感，而善於社交的人則吸引我們。

任何一個具有偉大人格的人，都不可能是在孤立的狀態下成長起來的，在很大程度上，他們的個性，是在和各種人交往的過程中逐漸形成的。可以說，個性的培養其實是一種反射行為。

第7章 讓人們都喜歡你

是的，你能做到這一點。就算此時的你並不十分受歡迎，或者正處在四面楚歌的情形之下，你也完全可以讓人們對你產生興趣，你也完全可以給人們帶來愉快和鼓勵，完全可以做到樂於助人，讓每個人都情不自禁的被你吸引。你可以讓人們喜歡你，將他們牢牢地吸引在你周圍。能夠吸引別人的，是性格上的因素，它們就潛藏在你的心靈深處，關鍵看你是否願意發現它們、培養它們。

有成千上萬在能力上出類拔萃的人，他們原本可以獲得巨大的成功，卻因爲個性方面的原因，未能給初識者留下很好的印象，讓人們產生了不利於他們的看法，最終成爲生活中的失敗者。

有人說，當我們碰到脾氣乖戾、令人討厭的人時，要麼逃避，要麼鬥爭，沒有其他的辦法。我認識一位女性，她的出發點很好，也十分慷慨善良，但她卻總是在不經意間做錯事、說錯話，引起人們的反感。她爲自己的誠實而感到自豪，毫無顧忌地讓自己批評性的言辭脫口而出。她所說的話，總是讓人們對她避而遠之，她給不熟悉她的人，留下了很糟糕的印象，然而，她卻是一個十分善良而且慷慨的人，她願意竭盡所能，去幫助和鼓勵那些需要幫助的人。她是我所見到過的最隨和的女性，但她說話和做事的方式，卻考驗著每個靠近她的人。她不明白自己爲什麼如此不吸引人，她渴望成爲一個受歡迎的人，但人們偏偏就不喜歡她，雖然她渴望融入別人的圈子裡，成爲其中的一員，卻總是受人排斥。

如果你不受歡迎，如果人們總是躲著你，而你又不知道爲什麼，那你就要分析一下原因了。仔細檢查一下自己，你會發現自己的確具有某種令人反感、讓人產生敵意，或因方式不當而觸怒別人的性格。你或許還能發現自己性格中，有許多連自己都未曾發覺的東西，自我檢查或許能讓你有意想不到的發現。

不久前，我和一位年輕女士有過一番談話。她說她一直以來就不受歡迎，可能永遠也不會受歡迎，不論走到哪裡都沒有個伴，誰都對她沒興趣，似乎誰都不想和她說話。她說，她的媽媽就是一個很不合群的人，總是很陰鬱，常常會很憂傷，所以她認爲自己的不合群是註定的，是毫無辦法的事情。這樣的想法其實很荒謬。

要想讓別人喜歡你，你首先要去喜歡別人；要想讓別人對你感興趣，你首先要對別人感興趣。如果你希望別人喜歡你，你絕不能消沉、憂愁、易怒、心術不正、怨恨或太過敏感。臉皮薄的、自我意識強的人，總是很容易受到傷害，因爲他們總是認爲別人想要傷害他。把那些傷害、傷痛、敏感神經、麻煩問題、生活的考驗、失敗打擊統統都留給自己吧。不需要讓所有人都知道自己的痛苦，也不需要總是對別人說起自己的麻煩。心裡只考慮自己的人，永遠不會成爲有吸引力的人。

研究一下社區中最受歡迎的女孩，你就會發現，她是那麼的和藹可親、善解人意。她或許並沒有多麼大的聰明才智，也不一定有多麼高的學歷，但她是那麼的友善可愛。她讓人們感到舒適愉快，她在關注別人憂愁的同時，也能注意到別人的快樂。她深知聆聽的藝術，從不對自己的事情喋喋不休。

最令人反感的個性就是自私，最讓人感到可恥的人，就是那些總想著自己、密切關注自己的利益、全然不顧他人感覺和權益的人，這樣的人不僅不受歡迎，而且缺乏成爲人格高尚的人應有的素質。透過後天的努力和堅持，這些素質是可以培養起來或得到加強的。培養各種優秀的品質與培養優秀的才智同等重要、必不可少。

要想吸引他人，而不是令他人反感，你必須具備一些品格方面的素質，你必須摒棄自私與冷漠，對他人表示出善意與興趣。如果你不受歡迎，多半是因爲你自私，而不是因爲別人有問題。

要做一個好的聆聽者，而不是急於搶話題，一味地對別人說你自己感興趣的事情，你要試著關注一下其他人，談論一些對方感興趣的話題。你很快就會擊碎影響你人氣的障礙。你關注了別人，別人自然就會反過來關注你。

正如威廉·迪恩·豪厄爾斯告訴我們的那樣，一個普遍受人們歡迎的人，根本原因就在於他本身在關注別人。霍姆斯博士在每個人眼裡，都是富有魅力的人，他最大的秘密武器也正是這一點。

有些人主觀地認爲，自己因爲外表先天條件欠缺，沒有精緻的五官和勻稱的身材，所以不可能得到別人的喜歡。然而事實卻常常證明，這一觀點是錯誤的。一個人內在的品質，才是魅力的眞正源泉，才是吸引朋友的力量。

豪厄爾斯在他所著的《眞朋友》一書中，曾評價過歷史學家法蘭西斯·派克曼，他說：「我想，凡是靠近派克曼的人都會喜歡他。他有一張線條分明、儒雅的臉，和他面對面時，他的面部表情、眼神中透出的思想，會讓你情不自禁地喜歡他。所以在我看來，他具有超一流的人格魅力。我每次和他見面後，都希望能夠再一次見到他，因爲他總能說出一些讓我感覺中肯又不乏新意的話來。」

或許你的外表並不完美，但是如果你有一顆慷慨、寬厚的心，如果你善良仁慈、討人喜愛，如果你眞誠、樂於助人，那麼，你就會受到人們的歡迎。

我們不會去理睬那些讓我們生氣的人、因爲方法不當而觸怒我們的人。我們也不會靠近那些總喜歡指正我們、批評我們、喜歡雞蛋裡挑骨頭的人，那些好鬥、富有攻擊性、專橫跋扈的人，那些盛氣凌人、狹隘、對他人有偏見或鐵石心腸的人，永遠也不會成爲討人喜歡的、受歡迎的人，這樣的人我們還是躲開點爲妙。

我們常常聽到有人這樣說：「我知道自己不受歡迎，但是我對此也無能爲力，我生來就是這個樣子。我不擅長與人交往，恐怕永遠也不行，因爲我沒這個能力。」那麼，我的朋友，請恕我直言，恐怕只有上學的小孩子才會說：「我想放棄數學課，因爲我做不出算術題來，這些題目太難了，我的腦子不擅長數學。」盡最大努力培養自己的人品個性，讓自己和其他人一樣有吸引力，盡可能讓自己有品味、有能力是每個人的責任，如果你願意堅持不懈地去努力，你最終會取得成功。

許多人爲此付出了努力，但是他們卻做的很牽強、很生硬，缺乏來自內心的溫暖，這種勉強的友好，只能產生尷尬、難堪的效果。他們對人抱有和善的態度，只是不知道該如何表現。他們不是一個好的聆聽者，而且也不善言辭，因此他們才會有冷冰冰的、保守的、拒人千里之外的表現。

如果你想要受歡迎，就得學習如何很好地與人社交。你必須在生活中培養人性中最基本的方面，自願、發自內心地與人爲善。僅僅機械地參加一些聚會，是無法吸引到朋友的，你還必須在自己的努力中添加一些情趣、愛和人性美，並且用自己的方式，將這一切表現出來。

人們大多是保守的，就連熱誠的一半標準也達不到。我們總害怕吐露自己的內心，不願意敞開心扉，讓陌生人進來。我們在心理上總和他人保持著一定的距離，我們太過循規蹈矩了。

當你和陌生人握手時，請用心去握，抓著對方的手，讓和你握手的人知道，你很高興見到他。要看著對方的臉，給對方一個發自內心的微笑，臉上應該流露出熱忱和友善，要讓對方因此而感到高興。要敞開胸懷去歡迎一個陌生人，讓他感覺到你見到他眞的很高興，你會發現，他多多少少也會對你感興趣。每個人身上都有自己的獨特之處，實際上這位陌生人就是你的兄弟，你們雖然未曾謀面，但是你們卻屬於同一個大家庭，你只是這個大家庭中的一員而已。

培養孩子，讓孩子的行爲舉止有教養、擁有良好的個性，是一件多麼美好的事情啊！如果能夠喚醒孩子天性中沉睡的眞誠與熱情、寬厚與博愛，能夠培養他們取悅他人的能力，讓他們學會無私地爲別人著想，那麼，今天又會有多少失望的人，能過上和現在截然不同的生活啊！

如果我們深刻明白和藹可親、惹人喜愛的個性，所具有的不可估量的價値，我們很容易就能將這種個性培養起來。我們會不惜一切代價，在自己的孩子身上培養這種品格，讓他們擁有這份無價之寶。但遺憾的是，我們只注重技能的培養，很少顧及品性方面的發展，我們會讓一個少言寡語、膽小害怕、脾氣不好的孩子，長大後仍舊是一個少言寡語、膽小害怕、脾氣不好的人。他的父母似乎認爲，他生來就是這樣一個人，他天性如此，不太可能會有多大的變化。這種想法大錯特錯了。透過恰當的訓練，任何一個孩子的個性都能產生徹底的變化，因爲孩子具有極強的模仿力。

亨利・德拉蒙德說：「耐心、和善、慷慨、謙遜、禮貌、不自私、脾氣好、淳樸、眞誠——這些品質都是人類至上的禮物，是一個完美的人所必備的要素。」我們每個人，不論男女老幼，都有可能培養這些品質，難道不是嗎？

第8章　你的獨特之處是什麼？

每個人都因自己獨特的個性而區別於其他人，從而成爲世界上獨一無二的人，那麼，你最顯著的個性特徵是什麼呢？是什麼讓你引起了某個人的注意？人們見到你時，想到的第一件事情是什麼？你留給他人的印象，是一個軟弱、有氣無力的人，還是一個具有明顯、強烈個性的人？你又能留給別人一個什麼樣的印象呢？

威廉．迪恩．豪厄爾斯曾這樣評價納旦尼爾．霍索恩：「他是這樣一個人，如果我在某處無意間碰到了他，我會立刻感覺到他一定是個大人物。」

有人認爲，某些東西是用眼睛無法看到的，是用語言無法描述的，是用行動無法展現的，這些東西是不受任何限制的。事實上，一些偉人說的非常少，他們用人格和個性告訴每個人，他們具有更偉大、更崇高的一面。

格蘭特在歷史上的地位，並非取決於他說了什麼。每個人都能感覺到，這個總是吸著煙、沉默不語的男人背後，有一種更為強大的力量。讓他名垂青史的，不單單是他所做的事情，更重要的是他留給人們一種無限可能的遐想，除了語言和行動之外，在他身上還有另一種無限大的力量。讓我們無比敬畏的，正是那個給人以無限想像空間的格蘭特，而不是現實的格蘭特。

林肯身上同樣有一種超越言行的力量，這種力量遠遠大於他所說過的話。和深深烙印在我們心中的、那個永恆的林肯形象相比，就算是那篇永世流傳的《蓋茲堡演說》，也會顯得遜色許多、平淡許多。

生活中的許多成功，都取決於其他人對我們的印象和看法，取決於他們對我們的評估，很大程度上取決於我們的聲譽，取決於那些只是聽說過我們、未曾眞正見過我們的人。這些未曾謀面的人對我們的評估，往往取決於其他人的評價，所以，留給他人一個不好的印象，讓自己的口碑很差是巨大的代價，我們承擔不起。也就是說，我們用點點滴滴的行為，塑造了自己的形象。

生活對我們來說意味著什麼？我們早已用自己的各種表現，回答了這個問題。我們的生活經歷、我們所經歷的一切就像一本書，人們只要打開來就能看到內容。人們總在不停地打量、權衡、評估我們，所以，在一雙雙窺探、好奇而敏感的眼睛面前，我們休想有多少僞裝。

愛默生在他的《旅行日誌》中寫道：「不論是榮譽還是不光彩，它都會伴隨一個人的終生，這是一個很重要的事實。我們總是把自己所得到的一切，歸咎於他人的意志，殊不知我們所做的一切，早已決定了我們最終將收穫什麼。一個來到別人家門前，習慣於先詢問一下是否可以進入的人，總能得到熱情眞誠的回答。」

你向外釋放出來的，是你的思想、信仰、觀點立場，人們對你的印象並非來自你所說的話，也不是你言不由衷的想法和感受，而是來自你眞實的信仰、思想和本質。

如果你有令人反感的個性，你就不太可能成為一個受歡迎的人。就在我們發現一個人小氣、自私、貪婪、狹隘、不寬容、愛嫉妒的那一刻，我們對他的評價就已經打了折扣。

許多人很不擅長將自己眞實的一面、自己在這個世上所擁有的一切、自己眞正的價值展現給他人，人們需要花上很長一段時間，才能發現我們的優點，才能擺脫很不利於我們的第一印象。

一些具有優良品質的人，有時候給人感覺像是蒙著一層冰霜，給人以很不好的、令人厭惡的第一印象。所以，你想要遠離他們，自然也就不會知道為什麼其他人深受他們的吸引，不明白他們怎麼還會有如此敬仰他們的朋友。他們不僅不吸引你，而且看起來似乎和你沒有任何共同之處。他們不善於社交、沒有趣味，你不喜歡他們的言談和舉止。然而，當你碰到困難、有了麻煩的時候，當你的生意很不景氣的時候，或者當你遭受喪親之痛、出現家庭矛盾之時，第一個前來幫助你的人，或許正是某個具有這種個性的人。你會感到大吃一驚，或許從那以後你才會感覺到，他有一顆多麼善良的心，雖然外表冷漠，但他是一個多麼眞誠的人啊！只有在那個時刻你才明白，這樣的人在堅冰之下，竟然還隱藏著眞正的友誼和實實在在的助人之心。

這世上有許許多多的人，用不苟言笑的舉止，將自己的熱心腸藏在冰冷的外表之下。許多人欠缺圓通的做事方式，他們總是說錯話、做錯事，留給人們一個錯誤的印象。

那些個性不十分強烈、謹小愼微、思想狹隘、悲觀偏執、缺乏吸引力的人，在社交中也默默無聞。他們或許一生都住在同一個地方，悄悄地來到世上，又靜靜地離開。

絕不要讓自己成爲一個虛度一生的人，不要成爲一個毫無色彩、毫無個性、沒有骨氣、沒有主見的人，活著就要有自己的個性。如果你是對的，就不要怕得罪人。你越是堅持自己的觀點，你就越可能樹敵，但你的個性力量越是強大，人們就越發尊重你。

希歐多爾·羅斯福曾說過，僅僅讓人們知道你是一個誠實的人還不夠，你應該讓誠實成爲你的代名詞。也就是說，你應當絕對誠實，讓人們對你沒有一絲一毫的懷疑。那種大致意義上的誠實，也就是接近於不誠實的誠實是沒有用的。我們想要培養的，是一種鮮明、活力四射的個性，是一種不論走到哪裡，都能產生強大力量的個性，不論走到哪裡，都能留給人們一個好印象的個性。羅斯福先生像一顆閃亮的流星，劃過了世界的上空，無論他走到哪裡，人們都對他印象極爲深刻。

在《羅斯福回憶錄》中，他的朋友們都不斷談起一種我們稱爲「獨特人格」的東西。羅斯福用自己最基本的信條和準則，即羅斯福思想，鑄就了自己偉大的個性，以自己獨特的方式，給世界留下了不可磨滅的豐功偉績。

每個人都應該爲這個時代，留下一些屬於自己的、讓世界不願意輕易忘卻的東西。贏得人心和贏得勝利同等重要；得到金錢和交到朋友同樣重要；留給別人一個好印象，和做好其他方面的事情同樣重要。換句話說，我們都希望在生活中成爲成功者，並且取得全面的成功。因此，我們要盡一切努力做到這一點。

布利斯．卡門說：「僅僅擁有崇高的理想和思想是遠遠不夠的，我們還需要爲之付出。我們要將這些理想付諸實踐，這樣理想才會越來越遠大。只有將理想變成現實，我們才能獲得生活中的成功，才能不斷培養完美的人格。」

一個性格迷人、感覺良好的商人說：「我已經下定決心讓自己的生活，成爲一部完美作品。」

這難道不正是人類最高境界的決定嗎？爲什麼不讓它也成爲你的決定、你的獨特人格呢？你爲何不下定決心，塑造自己的獨特個性，讓社區內所有的人，都對你刮目相看呢？這樣，你就會讓自己的生活，成爲一部眞正的大師之作，而不是像三流藝術家那樣，拿著畫筆膚淺地塗抹一氣。

每個人的生活，都應該成爲一部獨特、顯著的個人宣言。獨特而強烈的個性，是一個人表達自己最強有力的武器。說一個人具有強烈、影響力巨大的個性，也就是在說這個人有創意、頭腦靈活、能力很強。但是，當我們碰到了一個毫無特徵、不會留給我們任何特別印象的人時，我們也只能認爲，他不過就是我們碰到的又一個人而已，這個人似乎並沒有什麼新意，也沒有太多能力。

一定要確保讓自己的生命，傳遞出某些有價値的訊息來。那是一種什麼樣的訊息，訊息中攜帶了什麼樣的內容，這一切對你而言具有重大的意義。

第9章　帶著禮貌上路

歐洲有一位以熱情好客的酒館老闆，他的酒館以無可匹敵的服務著稱，他在酒館的牆壁上，刻有這樣一段名言：「只要你隨身將美酒佳餚攜帶，你就會發現在特洛凱特（貧瘠之地）同樣也有好酒好菜。」

這句話同樣適用於禮儀與良好的行爲舉止。如果你自身擁有這些美好的事物，無論你走到哪裡，你都會發現那裡的人們，和你一樣禮貌而講究禮節。

在人生的旅途上，許多人收穫寥寥，其中一個原因不僅在於旅途本身，而且因爲他在整個旅途中，沒有帶著禮貌上路。他們將禮貌和涵養統統拋到了腦後，所以，他們總是和人發生摩擦、產生衝突。

如果想要擁有完美的人格，禮貌的行爲和舉止是一個關鍵點，但凡優秀的人，都具有這種品質。舉止文雅、行爲禮貌向來是一個人有教養、有文化的具體表現。

到目前爲止，還沒有任何人對好的行爲舉止所產生的影響，有過任何懷疑。一個人要想在生活中獲得成功，最好能夠將威廉・威克姆的話，作爲自己的座右銘和人生指南。這句話便是：「行爲方式決定著一個人。」

一個粗魯、脾氣暴躁的人，不論多麼有能力，學歷多麼高，也會令人反感討厭。態度舉止不好的人，無論能力有多強，每前進一步都要花費相當大的力氣，因爲那些他所厭惡的人、對他有敵意的人，會在前進的路上阻撓他，不肯給他讓路。而那些慷慨、惹人喜愛、和善的人，無論走到哪裡都很受歡迎，人們會主動爲他們敞開大門，但對於能力強、個性差的人來講，就只能用力去撬開別人的大門。

禮貌、得體的舉止是一封最好的介紹信，一個人臉上的表情和行爲舉止，是他思想的濃縮，是別人快速、輕易地瞭解一個人的管道。最迷人的人往往是行爲最得體的人，而不是外表最漂亮的人。一個舉止優雅、氣度超凡的人，就算是面目醜陋甚至身體畸形，也絕對能夠走出一條屬於自己的道路來。而那些擁有光鮮漂亮的臉蛋、完美的身材，但行爲不當、穢言無禮的人則不然。

愛默生說：「在良好的社會環境中所學到的某些禮節，是一種無形的力量，擁有它的人必定會受到人們的重視，無論走到哪裡都會受到歡迎，雖然這個人未必美麗、未必富有，也不一定是個天才。」

世上的人們都在尋找陽光與和諧。我們都會避開黑暗、潮濕、陰沉的地方。我們見到嚴苛、讓人不快、感覺和自己合不來的人時，或者處在這樣一種環境下的時候，就會不由自主地退縮。每個人都喜歡和討人喜歡的、舉止文雅的人在一起，都不喜歡身邊的人態度生硬、粗魯無禮、刁鑽古怪、讓人厭煩。在工作和生活中，除了完全誠實守信之外，最能夠幫助一個人獲得成功的，莫過於良好的舉止——禮貌、溫文爾雅。兩個其他條件同等的人，同時應聘一個職位，最後是更懂禮貌的人得到了它。第一印象決定了這一切。一個不拘小節、舉止粗魯、沒有禮貌的人，會讓人產生本能的反感，人們自然就會心門緊閉，不予理會。

有許許多多的專業人員，他們的能力並不是十分突出，但有的人卻能憑藉得當、禮貌的做事方式，贏得大筆的財富，另一些則因爲自己生硬、不圓通的做法而導致破產。許多醫生由於受到病人和朋友的推薦，獲得了聲望和成功，因爲人們總也忘不了他們和善的態度、紳士般的風度和對病人的體貼入微，更爲重要的是，人們喜歡他們有禮貌。同樣，這也是無數成功的律師、商人、銷售人員，以及各行各業成功人士的成功經驗。

今天的社會競爭尤爲激烈，對手也日漸增多，所以，任何一種能夠帶來商機、贏得客戶的行爲藝術都會得到應用。早在許多年前，雇主雇用一個人，很大程度上取決於這個人，在某個特定行當中的能力，從未考慮過他的脾氣性格如何。而如今當雇主選擇雇員，尤其是選擇需要與人們打交道的雇員時，優雅的氣質、溫和的個性、令人賞心悅目的舉止，都成爲十分重要的選擇依據。

如今，能夠交到朋友、擁有朋友、具有良好的社交能力，已經被視爲雇員的一種自身價值，因爲雇主非常明白，冒失、粗心大意、冷漠、勢利的雇員，能夠趕跑許多客戶。他們理想中的辦公室職員是禮貌、專注、樂於助人、惹人喜愛的，能夠讓人們紛紛走出自己的街區，去尋求這類人的服務。在我們周圍，我們能夠看到一些雇員，由於自己的行爲舉止不當而得不到晉升。雇主知道，他們雖然有很好的能力和天賦，但是良好的舉止和禮貌的行爲更爲重要，這些品質能夠吸引任何人。

一個著名的商業機構認爲，對顧客的友好態度，是他們最寶貴的財富，而獲得顧客的友誼最爲快速有效的方法，正是謙恭有禮的言辭。禮貌殷勤是一個人良好素質的體現，擁有這種品質的人，往往同時還擁有其他令人欽佩的品質。

紐約銀行的行長曾說過：「如果我會說二十個國家的語言，我都會用禮貌的詞語去說。這是一種『阿拉丁神燈』式的成功。我並非在此盲目地對禮貌進行誇讚，我從事銀行業已有五十六個年頭，從每天的日常工作中積累起來的經驗告訴我，不論從事哪一行，禮貌做人都是獲得成功的基本要素之一。」

一個大的百貨商店推出的口號是，「禮貌的作用強於推銷的作用」。禮貌的銷售人員留給人的印象，的確要比所購買的商品印象更爲深刻。人類的天性就是這樣，我們通常都會記得在身邊殷勤服務的職員，同時也更欣賞他們不一般的禮貌與和善，尤其是他們的周到與細緻。我們都喜歡那些惹人喜愛、有吸引力的人，微笑會吸引我們前往，而緊鎖的眉頭則會讓我們怯步。我們不喜歡自己被報以冷言冷語，也不喜歡被無視怠慢，我們總是儘量地和禮貌、舉止文雅的人保持聯繫。

年輕人很少意識到令人感到愉快、討人喜歡的行爲方式，對生活的成功有多麼重要。教養良好、舉止優雅的人，具有難以抗拒的魅力和不可思議的力量，它就像美貌一樣，能夠讓法官心軟，讓陪審團改變主意。

歷史告訴我們，瑪律伯勒公爵雖然連英文都寫不工整，拼寫錯誤連連，但他的行爲舉止卻具有不可抗拒的魅力，他不僅影響了整個大英帝國，還影響了整個歐洲。他富有魅力的言行舉止和打動人心的言辭，能瓦解最兇惡的敵人，能將最痛恨他的人化敵爲友。

不論走到哪裡，我們都能看到那些舉止得體、擁有個性魅力的人，所獲得的榮譽和巨大的成功。我們都知道年輕的威爾士王子愛德華・艾爾伯特，在訪問加拿大和美國時是何等儒雅得體，他的個人魅力不僅贏得了未來臣民的心，而且贏得了美國人民的心。

我們可以透過一些小事情，來迅速判斷一個人是否從小就生長在有教養的環境中。一個人在不經意間流露出的禮貌，應該就像說話和走路一樣自然。從小培養起來的禮貌舉止，和後來努力模仿的有很大的差異。如果一個人從小未得到禮儀方面的培養，卻打算在某個場合中臨時抱佛腳，刻意去模仿高雅的舉止，就算他再怎麼努力，也免不了會露出馬腳，因爲他生怕自己說錯話、做錯事而感到侷促不安，結果反倒落得個尷尬難堪，甚至顏面盡失。

賈斯特菲爾德公爵是一個成就顯赫的人，他對人的判斷準確無誤。他對自己的兒子提出的建議是：爲進入社會提前做準備，就跟運動員訓練之前先熱身一樣重要。「要潤滑自己的頭腦和舉止，給它們必要的補充，讓它們更具靈活性。僅有力量還遠遠不夠」。

那些想要舉止大方的人，必須經常和教養很好的人交往。有一句西班牙諺語說的好：「生活在狼群中的人，很快也就學會了狼嚎。」我們的舉止會不小心洩露我們的社會背景，因爲我們會在不知不覺中，受到周圍環境的影響。

我所認識的最有教養的人，不僅和舉止禮貌的人生活在一起，而且他們的父輩、祖輩都是有教養的人。「那是一種祖祖輩輩傳下來的東西，是從小就接受到的薰陶」。

我們的習慣總是在出賣我們。人們只有在自己敬畏的人面前，或者在想要儘量去吸引的人面前，才會表現的規規矩矩、很有禮貌，然而當這些人不在他們身邊時，他們就會表現的判若兩人。

有許多人在陌生人面前表現的很拘謹、很注意禮貌。但他們在和自己每天打交道的同事面前、自己熟悉的人面前，就表現的粗魯、自私、盛氣凌人。

阿諾德．貝內特說：「不能因爲彼此親近就不去講究禮節，但大多數人似乎都這麼認爲。」不論是在家裡還是在辦公室或者在國外，都應該奉行禮貌的原則。如果所有的孩子都不知道良好的行爲舉止、殷勤的話語、贏得人們好感的個性有多麼大的力量，那該是一件多麼悲哀的事情啊！在孩子們還很小的時候，如果能及時根除性格中不良的方面，培養美好的個性，剔除有害的思想，灌輸人性中眞善美的東西，相對而言是多麼容易啊！

不要讓自私的種子逐漸長成一棵大樹，在它還是一棵幼苗時，將它拔去相對要容易的多！將一個令人頭疼、不討人喜愛的孩子，慢慢培養爲一個個性迷人、富有魅力的成熟男女，雖然需要許許多多的陽光、鼓勵、耐心，還有如海洋般廣闊而深沉的愛，但這是我們能夠做到的事情。如果所有的母親和所有的老師，都將此作爲自己的頭等任務來對待，很快的，我們的國家就會呈現出一幅太平盛世的景象！

每個人都好比是一棵樹，如果我們能夠悉心照料、修枝剪葉，在人類的森林中，就不會再出現長歪的、奇形怪狀的、佈滿結瘤的、外觀醜陋的大樹了。

對於女性而言，舉止文雅、富有魅力、優雅得體是一筆巨大的資產。如果站在這個角度去看待的話，從小忽視對女孩的教育，簡直就是在犯罪。

從一位女性的一舉一動中，我們能夠看出她來自一個什麼樣的家庭。無論走到哪裡，她都帶著自己那份獨一無二的優雅氣質或粗俗表現。她的思想深受家庭教育的影響，她的舉止、行爲，她是否高雅、是否有涵養、脾氣如何，這一切都充分表明了她所受到的家庭的影響。

女性代表著生活中的審美、情感、美好的方面，她們代表著人類文明中最甜美、最溫柔、最細緻、最微妙的東西。每個人都希望在女性身上看到賢淑、優雅的舉止，謙遜、得體的行爲。如果一個女孩從小沒有在這方面，接受過適當的培養，這種欠缺不僅會嚴重影響她日後在工作中的表現，而且會影響她的終身大事，家庭條件好的男子不會給她機會。

男性生來就比女性更強硬、粗獷，更多一些動物本能，因此，他們自然而然就會被一切優雅、美麗、精緻的女性美所吸引。男性最爲欣賞的，正是他們最缺乏的東西，所以，如果一個女孩的行爲帶有男性的粗魯，會激起男性的反感，男人會對她產生看法。任何帶有粗俗性質或冒失膽大的行爲，都會引起男性的厭惡。

在任何情形下都要熱情眞摯、禮貌謙恭，接人待物要和藹可親，要溫暖親切地向人們打招呼，儘量避免欠考慮的語言和不謹愼的行爲，要多考慮其他人的感受，努力讓所有人都感到輕鬆、愉快。對於有教養的人來說，這是第二重要的品性。

許多年輕女孩的生活之夢已經破碎了。只因她們從小沒有受到過良好的行爲教育，所以，就這樣很隨意地長大後，她們缺乏一種女性特有的精緻、甜美的魅力。

這個世界永遠也不會知道，有多少偉人的妻子，用她們那靈活的做事方式、與生俱來的溫柔賢慧，在背後默默支持著自己的丈夫，使得他們最終取得了成功。就像《美利堅之父》一書中的瑪莎·華盛頓，多少年來艱苦的軍營生活，都未能磨滅她由內而外的高貴與賢良。在法國，約瑟芬迷人的舉止和強大無比的說服力，對拿破崙的地位提升所起到的作用，要遠遠大於他那幾十名忠心耿耿的隨從。畫室裡和沙龍中的約瑟芬，就好比戰場上的拿破崙，他們都是傑出的領頭人物。約瑟芬曾親口透露自己能夠成爲法國皇后的秘密，她的個性魅力不僅征服了這個法國男人的心，而且征服了她丈夫征服的那個國家。她對一位密友說：「只有一種情況，我會主動使用『我願意』這個詞，也就是說，當我打算說『我願意讓我周圍的所有人都快樂』這句話時，我才會用到這個詞。」

美好行爲源自一個人的內心，它體現在善解人意、爲他人著想。布林沃說：「美好的天性是良好教育的基石。」

沒有人會眞正喜歡僅僅出於禮儀的禮貌和言不由衷的表白。出於交際需要的禮儀就像一層薄紗，絕對遮掩不了隱藏在下面的自私和不耐煩。從長遠來看，這種禮貌不會勝出。

我們都認識一些人，他們自私、冷血，卻又拙劣地扮出一副熱心禮貌的樣子來。他們中有些人無法明白自己爲什麼朋友這麼少，爲什麼人們都不喜歡自己。事實就是他們並不具備令人讚賞的品質。他們的心是冰冷的，他們的熱情禮貌並非發自心底。誰都知道他們的笑臉不過就是一張面具、一種策略而已。奉行外表形式上的禮節，而內心卻是冷漠的，甚至是無情的，這種禮貌永遠都缺乏眞正的彬彬有禮所特有的那份誠懇的優雅。

第10章　心理化學的影響

你是否曾認眞思考過，爲什麼有的人成功了，而有的人卻失敗了？爲什麼有的人懦弱無能，而有的人卻總處於支配地位、光芒四射？正是思想在身體上的作用效果，決定了一個人到底是怎樣的——是一個成功者還是失敗者，他的個性是消極的還是積極的？

大部份的人都是錯誤思想的犧牲品。改變這一切的唯一途徑，就是正確利用心理化學的知識，這是一門新興科學，它的基本原理仍有待人們進一步理解。

遺憾的是，學校裡並未開設這門心理方面的學科，然而對人類而言，這門學科遠比其他學科更爲重要。如果全世界的教育機構願意，並且知道如何向學生灌輸這種思想，那下一代的生活就會發生翻天覆地的改變。我們將培養出更優秀、更高尙的一代人，生活的秩序無疑將會提升到一個全新的層面。只要我們對心理化學稍加利用，整個人類就會向前跨越一大步。

在無數人的生活中，希望會取代失望，自信將取代膽怯，勇氣將取代懦弱，旺盛的精力將取代疲乏和倦怠，高效將取代效率低下。世界將呈現一片充滿希望的全新景象，將會有更大、更多的機會。換句話說，人類將會成爲一種全新的物種，透過思想的更新、想法的轉變，人類將得到徹底的改造。

我的朋友，不知你是否意識到，你明明可以做的更好，爲何卻不能快速成功？你的事業爲何一直不盡如人意？你爲何如此貧窮？爲何不快樂？能力爲何如此有限？在惡劣的環境中苦苦掙扎？或許你對心理化學一無所知，只是一直抱怨時運不濟、命運多舛，或找其他一些爲自己開脫的藉口。你沒有獲得你所追求的幸福、成功、財富，未實現自己渴望已久的夢想，那是因爲一直以來，你的思想爲你所努力奮鬥的目標，人爲地設置了障礙。或許你的思想中一直都有一些想法，這些想法阻撓了你的志向、理想，削弱了你所付出的努力。你的懷疑、恐懼、擔憂、焦慮、嫉妒心、自私，所有這一切都無法讓你順利達成生活的目標，都在妨礙你的努力，降低你的工作效率，將你的成就打了一個大大的折扣。

我們的思想既能創造生活，也能毀掉生活。正如斯韋登伯格所說的那樣：「人類的思想和主觀意志就刻在大腦上，因此，一個人的外表外形充分體現了他的生活，天使透過他的形象看到了他的人生。」

每個人都是一個建築師，親手建造了自己的人生與財富，一個人的成功或失敗，取決於他是否明白，精神是一種具有神奇力量的化學物質。這種化學物質控制著我們的思想力量，能夠治癒一切思想上的痼疾，也是唯一能夠去掉阻礙我們成長的障礙的力量，它能夠將我們最大的潛力挖掘出來。

這種心理化學的基本原則是：兩種相反的思想，無法同時主導同一個大腦。如果一個人的思想中，低級的、獸性的思想占了主導地位，那麼，與之相反的高級的人性的思想，就會受到極大的壓制，反之亦然。低級的東西無法和高級的同時存在，就好比謬誤與眞理無法和諧共存一樣，彼此排斥著對方。任何瞭解這一心理化學原則的人，都無須成爲自己思想或情緒的犧牲品。正如某些化學物質，可以將最渾濁的水還原爲清澈透明的水一樣，道德最敗壞的思想，也可以透過思想所產生的化學物質來淨化、清潔。正確的思想就像一副解藥，健康的思想和理念，將會讓人的精神世界重新恢復健康。

大部分人依靠自己的意志力，和錯誤和邪惡做鬥爭。這種做法就像在沒有打開百葉窗的情況下，努力將黑暗從屋子裡驅趕出去。黑暗只不過是因爲缺少光明而已。當百葉窗完全打開後，光明自然就會湧入房間，黑暗亦將不復存在。邪惡也只不過是缺乏美德，美德出現了，邪惡自然也就逃掉了。就像黑暗無法在光明面前存在一樣，邪惡和美好根本無法同時出現。精神所產生的化學物質，可以根除破壞性的思想，扭轉不良習慣，杜絕邪惡欲望或習慣。但是人們並非純粹透過意志力來和邪惡做鬥爭，而是要用更好的、更高尚的思想，來取代邪惡的想法。

擺脫精神敵人最有效的方法，就是用好的思想代替不好的思想。我們無法直接將它們驅趕出去，但是我們可以用與其相反的東西、能破解它們的東西，去取代它們。用正確的思想取代錯誤的思想，用和諧的思想取代不協調的思想，用愛取代憎恨、嫉妒，用善意取代惡意、邪念，用成功的想法取代失敗的想法，用財富的念頭代替貧窮的念頭，用富足的念頭取代缺衣少食的念頭。我們完全可以用健康的思想，取代生病或疾病的思想，向身體中的每個細胞傳遞健康的指令，這樣一來，只要我們堅持認爲自己是健康的、生命力旺盛的，我們就可以令這些受到打擊的細胞、生病的細胞得到刺激和鼓勵，最終恢復正常。

不停地感到焦慮、恐懼、嫉妒、憎恨，以及其他一些負面情緒和感覺，不僅會傷害我們的血液，削弱我們的消化系統，而且會讓我們的大腦細胞和身體的不同部位，發生某種化學變化，如此一來，就會促使、誘發，最終形成許多不正常的情況。現在，醫學界最好的醫生普遍認爲，長時間的焦慮、長期的恐懼，總是預感到有不好的事情要發生，對欲望感到害怕，對家庭瑣事感到煩惱，沒完沒了的悲傷、嫉妒、憎恨等情緒，不僅會引發癌症，還會導致肝臟、心臟、腎臟、大腦及其他部位的疾病。

我們都知道，毫不控制的情感會拖垮一個人的身體，會讓人未老先衰，會讓人心神不寧，會讓人能力低下。同時我們也知道，愛、和善、鼓勵、安靜平和，對美麗、崇高、高貴事物的思考，對我們整個人都能起到安撫作用。

經驗告訴我們，良好的思想、心境、情感能夠帶給人幸福的感覺。對身邊的人付出無私的愛、眞誠善意，並能夠感覺到來自他人的愛戴，會給人帶來活力，十分有利於健康。如果我們時刻保持這種情緒，我們就會感覺更好、更強大、更加充滿希望和理想、效率會更高。我們也都知道，與上述相反的情緒會起到相反的作用，會徹底破壞一個人身體上和思想上的和諧與效率。一切負面的、消極的思想，所有邪惡的激情與心緒，都是具有破壞力的，它們不但不會起到建設性作用，還極具破壞性，它們會產生思想上的不協調，而思想上的不協調又可以引起人體器官的不協調，任何不協調的器官對健康都是有害的。這些令我們產生不協調的物質，是身體和精神上最大的敵人，會爲生活帶來非常不幸的後果。它們不僅會破壞一個人的健康，而且是成功與幸福的宿敵。

如果我們對心理化學的原理有大概的瞭解，我們就會很自然地和有害的思想和情緒、和恐懼和不良情感鬥爭，從而保護自己。如果我們知道了哪些思想和情緒，能夠給人帶來快樂、健康，能夠提高效率、促進成功，那用這些思想來武裝我們的大腦，打擊我們思想中的敵人，消滅我們不斷膨脹的欲望和具有破壞性的消極情緒，對此，我們又何樂而不爲呢？然而遺憾的是，我們不但沒有這樣做，不但沒有鼓勵那些有利於我們的思想，不但沒有在思想中一直保持崇高而和諧的想法，不但沒有驅逐那些引誘我們犯罪的想法，反而任憑一切不協調、恐懼、焦慮、嫉妒、憎恨的思想，在我們的身體中釋放出有毒的物質。

如果我們任憑這種精神狀態轉變爲一種長期習慣，不良的後果就會接踵而至。這一切隨處可見。比方說，有許許多多的人，他們原本可以成爲成就斐然的人物，只因爲心中埋藏著憎恨、懷疑與各種各樣的積怨，只因爲心中有那麼一點點嫉妒的情緒，還有各種各樣邪惡的感情和思想，他們便被這些不良思想所奴役，他們的生命效率也就降到了最低點，因此，這些人不得不過著拮据、一籌莫展的日子。他們是不良心態的犧牲品，他們一事無成。若不是精神上的敵人作祟，他們或許會成爲出色的、有用的、幸福的、成功的人。

在英格蘭有一條法律是這樣的：如果你能想辦法一直不讓法警進入你的房屋，他就沒辦法將你驅趕出去，但是一旦他進了你的房屋，他就可以一直留在你房間裡，直到你付清債務爲止，如果你拒付，他就能把你趕出去。

如果你一直將有害的、邪惡的思想拒之門外，它們就無法傷害到你，但是一旦讓它們進入你的思想，它們就會給你的生命帶來災難，將你出賣，毀了你的前程。它們總是在暗中覬覦，伺機進入你的精神家園，唯一能夠增強你的免疫能力、抵禦病毒攻擊的方法，就是運用精神所產生的心理化學物質，直到你能夠運用自如爲止。

如果我們明白，只要願意，我們都能做到這一點，這無疑是一件令人欣慰的事情。我們絕對能夠控制自己的思想，我們完全可以決定自己的精神世界，擺脫肉體、思想和精神敵人的魔爪，成爲一個幸福的人。正如一切看似困難的題目一樣，一旦知道了解題的方法，它們就會變的極其簡單。

聖保羅將一切哲學和心理化學物質理論的精華，濃縮在一條訓令當中：「我們要去想一切純潔的、可愛的、口碑好的、誠實的事物。」我們應讓自己的思想，停留在這些事物之上。我們思想裡的念頭，代表著某些特定事物，只要我們思想裡存在這種想法，就會將類似的東西吸引到身邊來。這類事物就形成於我們的腦海當中，寓於我們的個性當中，並透過我們的肢體語言和面部表情體現出來。正是我們對事物的看法，讓事情產生了類似於它的後果，出現了與之相對應的結果。

既然你知道了相悖的兩種思想，無法同時存在於一個人的思想中的道理，接下來就該由你的自由意志來做一個決定，你是要選擇那些將你拖到牲畜行列的思想呢，還是要選擇那些能夠體現你聖潔天性的思想？

比如，你可以將思想集中在和「愛」有關的一切事物上，如平和、和諧、和善、自若、善意等，從你身上就會體現出這些優秀的品質，不論你走到哪裡，人們都能感覺到你身上的那種向上和樂於助人的影響力。或者，你也可以將思想集中在那些憤怒、憎恨、嫉妒、復仇、自私的事物上，這些東西能夠將一切愛的安撫和幫助作用，排擠的無影無蹤，能喚醒你低級的天性，讓你不再擁有人類特有的感覺和感情。

如果你看到了一個暴跳如雷、怒不可遏的人，你就能夠十分徹底地明白，低級的思想和情緒具有多麼可怕的影響力。或許幾分鐘之前他臉上還是平靜、甜美的表情，可在轉眼間就變成了野獸般猙獰的面目。眼神中的憤怒所釋放出來的，是人類低等天性，即獸性，它讓一個人面部的美麗蕩然無存，取而代之的是野蠻、兇殘的形象。就在這一瞬間改變的，不僅僅是面部，他的整個人都發生了徹底的改變。他身體中一切有悖於神聖的、沉睡的獸性都被喚醒，他面部的每個神情、身體的每個動作，都將他獸性的力量暴露無遺。

現在，因脾氣火暴而深受其害的人，動不動就大發雷霆的人，可以透過每天練習運用心理化學物質，來逐漸移除影響自己成長進步的障礙。透過更新自己的思想、改變自己的想法，透過多去想一些與憎恨、憤怒相反的事物——愛和善意，一個人可以將自己從一個十足野蠻的人，改造爲一個有才智的、注重精神的人。

我們都知道，如果對大腦中專門負責計算的部分進行訓練，我們就可以提高算數能力。對於大腦的其他四十多種功能和能力而言，也是同樣的道理。根據我們集中注意力和不斷練習的程度，這些能力也能得到相應的發展。人們普遍都知道，如果將思想集中在身體的某個部位，這個部位的血液循環就會加快。所以說，當我們想著某些特別事情的時候，大腦細胞或者負責掌管我們所想事物的那部分大腦，就會得到更多的血液供應，從而得到更多的養分。因此所有建設性的官能，如愛、誠實、和諧、善意等，以及一切破壞性的官能，如憎恨、錯誤、不和諧、惡意等，均有可能按照我們的意願發展到某個程度。

如果我們的思想，總是停留在那些被禁止的或低級的想法、欲望、情緒上；如果我們渴望那些不道德的事情；如果我們放任自流，讓獸性的一面掌控統治自己的思想，我們就滋長了自己動物的本能，透過意念的集中和不斷使用，從而加強了大腦中負責掌管低級本能的腦細胞。

要切斷在大腦中能夠引起低級思想和獸欲、卑劣動機、自私貪婪的腦細胞的營養供應，不再去應用這些腦細胞，那它們就會逐漸萎縮、失去作用。然後，大腦中更高級的部分，來自精神方面的能量，就會隨著更多的使用獲取更多的養分，相應地發展起來。換句話說，我們可以透過運用相反的想法，即好的想法和壞的想法、積極的想法和消極的想法、建設性的想法和破壞性的想法不能同時存在這一原理，按照我們的意願，來發展或根除任何一種品質。正因爲相反的思想彼此排斥，所以你才可以選擇、決定讓哪一種思想留在你的腦子裡，哪一種思想從此消亡。下面我來講一下其中的秘密。

追求完美是人類的天性。一旦我們體會到生活中更高層次的快樂，那些低等的樂趣、低級的激情和動物本能的快樂，就會變得索然無味，對我們毫無吸引力。我們將會渴望那些更高級的快樂、更美好的體驗，對於這類事物，我們想的越多，關注的多，越是每天堅持去實踐，我們對它們的渴望相應也就會越強烈。

思想的發展、個性的形成、獲得成功與幸福的整個過程，其實是一個完美的科學過程。而你所需要做的，就是每天將自己的思想、情感、品質，和你在生活中所渴望的主導內容，傳達給自己的大腦。我們可以引用聖保羅的一段訓令，從另一個角度來說明這個問題：「我們要去想一切純潔的、可愛的、口碑好的、誠實的事物。」每天都要有規律地進行這方面的訓練，如果可能的話，一天數次。每天都要堅持在固定的時間裡，最好是早晨，去想一下你想要發展的品質，每次持續十五分鐘，這樣在相對較短的時間裡，你就會形成思考正確事情的習慣，你所集中關注的事情，就會在你的肢體語言中、個性特徵中、所處的環境當中體現出來。

當人們開始研究新的生活哲學時，那些不懂心理學的人往往會認爲，思想所產生出來的化學物質，是一種有魔力的東西，幾乎能夠立竿見影的，將他們從不良思想所帶來的痛苦中解放出來。他們指望每天僅僅安靜那麼兩三分鐘，就這樣過上三五天之後，就能擺脫所有身體和精神上的不良狀態。他們認爲，這樣就足夠了，這樣就可以治癒已經伴隨他們幾十年的壞習慣，比如說抱有消極的、破壞性的思想，沉溺於各種邪惡的欲望或情緒中，嫉妒、惡意、復仇、積怨，總是幻想著疾病、軟弱、苦惱、身體垮掉，控制不住自己的火暴脾氣，抑鬱、失望，以及各種各樣的崩潰想法和感覺，他們指望很快就能擺脫這種多年積累起來的可怕情形。

我認識許多對精神理療師持有批評態度的人，只因爲他們在經過幾天短暫的治療後，沒能夠徹底得到解脫。或許在這幾天的治療過程中，他們仍然產生了許多不良的、負面的思想，而這些思想都是和治療相對抗的。

正是因爲人們普遍忽略了人類思想的巨大力量，忽略了我們讓事情變得規律的能力，所以，今天這個世界，才會到處充滿著悲慘與苦難。現在我們已經開始意識到這一點，所以在學校裡，人們對心理化學的重視，將會超過對物理化學或其他學科的重視，因爲我們的命運和這門學科息息相關。

如果我們讓孩子從小就瞭解這門學科，他們就能在很小的時候，學會辨別精神朋友和精神敵人。他們將知道，什麼樣的情緒、情感、心態，能產生抑鬱的和不協調的東西，什麼又能使人精神振奮、向上、充滿活力，讓人美好。他們將會知道，抑鬱的情緒容易導致一個人生病，因爲它能降低人體對疾病的抵抗能力，對健康十分不利。他們同樣也會知道，讓人精神振奮的東西、健康的心理，能夠增強一個人的抗病能力，對健康十分有利。

他們很快就會明白，每種消沉的思想，每種不愉快、不快樂的想法，每種陰鬱、壓抑的心情，都是致病的因素，都是生命的破壞者，這一切思想都會影響心臟的功能，會阻礙人體對營養的吸收，會在整體上給生命帶來不安定因素。他們將會知道，信心、希望、鼓勵、和善、愛都是身心的滋補品，它們能夠促進、刺激、提高人體中一切有建設性的力量，它們是一切壓抑情緒的天然解藥。

麻醉劑的發明爲世界帶來了福音，而心理化學將會爲世界帶來更大的福音。它將消除人類無數的苦痛，尤其是精神上的痛苦，相對而言，肉體上的痛苦似乎根本就算不了什麼。

數以百萬的人，將學會如何過上沒有疾病、沒有痛苦和身心不再疲憊的日子，因爲他們掌握了足夠的心理化學知識，來化解一切有害於身體的毒物質——恐懼、擔心、焦慮、眼紅，化解憎恨、嫉妒、憤怒、復仇、惡意、自私等一切破壞性情緒。心理化學，這種新生活哲學的組成部分，其影響力將會逐漸滲透到全人類的生活中，爲人類帶來一場偉大變革。

人類剛剛發現，自己是神聖的，是宇宙中不可摧毀的創造性力量。在人類身體的生命細胞中具有一種力量，這種力量來自內心深處，要遠遠大於肌肉的力量，這種力量是一種神奇的力量。我們知道，隨著自己生命旅程的延伸，人類將發現一個眞正的自我，眞我將人類從一切限制中、一切敵人中解脫出來。

第11章 膽小與過分敏感

有許多人頭腦聰明、思想健康，受過良好教育，完全能夠在自己工作生活的環境中，充分發揮自己的能力，但是由於他們膽小、敏感，所以一直以來都默默無聞。

看到那些才華出眾、人品端正的人，只因爲生性膽小、臉皮太薄而過著自閉的生活，眞替他們感到難過。他們無法也不願意嘗試敞開心扉，雖然他們也感到這樣的生活太過狹窄、讓人窒息，他們也明白這種壓抑的感覺，妨礙並制約著他們的發展，但是，他們卻感覺自己很難克服這一障礙。

那些努力想要獲得個性魅力的人，必須克服膽小的性格，脫掉敏感的外衣，否則便沒有成功的希望。

悉尼・史密斯說過：「由於就差那麼一點點勇氣，這個世界失去了許多人才。每天都有許多平凡的人，帶著一生都沒能出人頭地的遺憾，離開這個世界，是他們的膽小，讓自己無法拼盡全力。如果從一開始就有人，能夠引導他們發揮自己的潛能，他們必然已經在自己的領域中，闖出了一番天地。實際上，要想去做這個世界上值得去做的事情，我們就不能一邊在腦子裡想著各種危險和困難，一邊站在原地發抖，我們先要投入進去，然後再想盡一切辦法脫身。」

在我們周圍總能看到這樣的一些人，由於膽怯，他們不敢去做自己渴望並且有能力做好的事情。他們猶豫著、等待著，希望能有什麼奇蹟出現來幫助他們。由於膽小，他們不敢向前衝，他們不敢發揮、利用自己的能力，所以當生活的潮水湧過時，他們並沒有被捲走，他們牢牢抓著原地不敢放手，潮水過後，他們仍舊留在那裡。

一位優秀的作家這樣說道：「在關鍵的時刻張口結舌，由於膽怯或出於私心而放棄一條光明大道，這種低級錯誤，足以毀掉許多人的前途。」

不論從哪個方面來說，膽小怕事的人，都處於極度不利的狀況之下，因爲他從來不曾做好準備，抓住來到身邊的一切機會，所以，機會都被那些比他更有個性、比他更善於主動出擊的人搶走了。他就好比一隻膽小的小豬，在食槽邊總是被其他同類擠到一邊，等其他善於爭奪的小豬吃飽了以後，吃剩下的食物，如果還剩了什麼的話。

我自己農場上的小豬就足以說明這個問題。一窩小豬共九隻，總有那麼三五隻小豬十分膽小，吃食的時候，總是被其他小豬擠到一邊去，等到別的豬吃飽以後，才能輪到它們。如果負責餵豬的人不想辦法弄走那些霸道的小豬，給膽小的小豬吃食的機會，它們必然會挨餓。

《聖經》上說：「心太軟的人常遭厄運。」這句話或許應該解釋為，「膽子太小的人常遭厄運」。膽小的人總是被比自己強壯的人、比自己更厲害的人所欺壓，總是被人欺負、被人控制，總是得到些殘羹冷飯，有時連殘羹冷飯都得不到。他們不夠自信，也不夠主動，無法推開別人、自己前進，總是等著別人來發現他們的優點，去推他們一把。

在生活中，不論是社交、生意還是職業領域，那些膽小的、孤僻的、不求聞達的人，總是處於極為不利的情形之下。人們或許會替他們感到惋惜，或許會同情他們，他們的朋友或許會說，他們能力和人品都很好，只是缺乏積極主動性，只有自信、主動出擊、有膽量的人才會獲勝。

不論我多麼推崇謙虛，但某種程度上來講，謙虛絕對不可能促成一筆生意，或讓人賺到更多錢。在這個世界上，你要麼推開別人，要麼被別人推開，只有推開別人的人，才是最終達到目地的人，被別人推開的人，永遠不可能第一個到達。膽小的人是那些默默無聞的人，不論走到哪裡，都只能坐在最後一排，他無法承受讓他粉墨登場、成為眾人矚目焦點的壓力。

這種孤僻的、自我遁形的個性是一種罪惡，因爲它讓人無法將自己封鎖的力量釋放出來，這種力量只有透過積極主動、精力旺盛、自信的方式才能激發出來。培養自信心會給膽小保守的人，帶來生活和事業上的根本改變，但是對他們而言，擺脫困擾和恐懼，不受他人眼神和觀點的干擾，是一件極爲困難的事情。膽小的人總是在想像中過分低估自己，這一點令他們深受其苦。然而他們卻似乎深陷於此、很難自拔，每一次的努力都是徒勞，一次次走回老路。他們總是覺得自己缺乏什麼，總是爲此而感到不安，他們也知道自己哪裡不對，但似乎總是無法下定決心改變這種狀況。

阻礙膽小的人前進的另一個因素，是他們太過敏感、自我意識太過強烈。他們的臉皮特別薄，他們的感情太容易受到傷害，這就導致了他們的多疑，因爲他們總是覺得自己被輕視或被侮辱了。如果他們看到別人在笑，就會想當然地認爲自己是被嘲笑的對象。如果他們不加以糾正，這種錯誤和弱點必然會不斷加強，到最後，他們常常會眞正陷入一種不正常的思想狀態，動彈不得，然後小問題漸漸積累成大缺陷，直至整個事業因此而毀於一旦。

思想結構合理、感覺細緻、天性認眞，是膽小、敏感之人的性格特徵。他們通常具有最可愛的個性特點，他們的細緻與精良是如此超乎尋常，以至於在這個並不十分適合自己的、非常現實的世界裡，他們都能夠用十二分的努力，來讓自己表現出十分自如的樣子。他們不喜歡拋頭露面，緊張的生活會讓他們很不舒服，這種情形之下，他們會退縮到自己的世界中去，漸漸遠離喧囂的人群。然後他們便開始逃避，陷入某種情緒當中，永遠也培養不出能夠與更強大、攻擊性更強的人相抗衡的堅毅個性。

如果你膽小怕羞、生性敏感，總喜歡躲著人，那你必須下定決心克服這種障礙。如果你不這樣做，你的發展必然會受到阻礙。記住，如果你脫離人群，不和其他的人打交道，喜歡獨處，你所付出的代價，將是無法將自己最好的一面展現出來，無法將自己在教育背景上的優勢體現出來。如果你總是獨處，你將會和一切能提高你能力、促進你發展的事物失之交臂。人生本來就不是獨居的動物，任何從人群中隱退的人，都會以天性的泯滅與抹殺爲代價，必將過著不完整的、有缺陷的生活。

我認識一個人，他告訴我多年來他一直都膽小內向、羞於見人。他走在街上儘量不和人說話，甚至對好朋友也是如此。在他年輕的時候，如果家裡有同事來，他會找出各種理由躲開他們，他會待在穀倉裡或木料間，一直躲到朋友離開爲止。他從來不敢去教堂或者人群比較集中的地方，就算是去，他也會去的很早，趕在大多數人到達之前。實際上，他的性格如此內向，每當面對他人時，或處在某種特殊的場合，當人們的注意力都集中在他身上時，他就會覺得受不了，就會感覺到一種巨大的壓力。因此他總喜歡獨自一人，把自己埋在書本裡，或悶悶不樂地想著自己眞沒用。他已經把自己這種性格視爲一種缺陷了。

最後，這個人終於認識到，膽小內向的性格將會毀掉他的事業，於是他下定決心要克服這一點。他開始認眞研究心理化學，並應用到每天的生活當中。現在，朋友們幾乎都不敢相信，這就是當初那個曾經膽小、孤僻的他。

就是因爲膽小內向，許多人無法表達眞實的自己。他們無法對別人說「不」，無法拒絕別人，他們總是遮遮掩掩，說些言不由衷的話，這一切均不是出於他們的本意，而是因爲他們膽小怯懦，他們的性格中缺乏足夠的力量，無法堅持自己的觀點和立場。他們不喜歡反駁別人，只是希望透過應和別人而求得平靜。

膽小內向的性格往往會引發許多疾病。內向的人總是感到害怕，而長期害怕、不安的感覺，往往會嚴重影響心臟和血液循環系統。當然，這或多或少會導致血液循環受阻及有害物質的滯留，而暢通正常的血液循環，則會消除這些有毒物質。

恐懼不僅能使一個人的血液循環不暢，還會讓人的意志消沉，消耗人的精力。恐懼給膽小內向的人帶來的影響，遠比給自信的人帶來的影響更大。他們最害怕的事情，就是一旦自己成爲人們注意的焦點後，會招致他人的批評，會遭遇尷尬窘迫的情形，會丟臉蒙羞。因此，他們本能地扼殺了說自己想說的話、做自己想做的事的衝動。這種害怕別人評價、害怕別人在背後議論的病態自我意識，不僅讓他們處於不顯眼的位置，而且有害於他們的健康，因爲自由表達自己有利於身心健康。

愛默生說：「無法戰勝日常恐懼心理的人，永遠也無法領悟到生活的眞諦。」

我所認識的所有膽子小的人，都有拖遝的習慣。拖遝是他們根深蒂固的特徵，是他們最大的缺點。他們永遠無法當機立斷做出抉擇，在對重要的事情不得不做出決定的時刻，他們卻優柔寡斷，拿不起、放不下。他們總是在質疑自己的判斷，總是等待著自己的觀點得到別人的肯定，然後才敢相信自己。這一點常常會讓他們給別人留下缺乏主見的印象，這樣會加劇他們的膽怯程度。他們不相信自己的力量、不相信自己、沒有勇氣。在他們的字典裡，沒有「敢」這個字，因爲缺乏勇氣，所以他們害怕冒風險。

這也正是膽小的人，會遠遠地落在有勇氣、勇敢的人身後的原因之一，他們不敢去做自己感覺到完全有能力做好的事情，他們總是遲遲不肯做出決定，反複考慮，膽小怕事嚴重損害了他們的決斷能力。

今天，在這個競爭激烈的時代，膽小內向、遊移不定的年輕人早已沒有了發展的空間。要想在如今這個時代獲得成功，年輕人不僅要勇敢，而且要敢於抓住機會。一味等待的人永遠不會是贏家，只要你相信自己，就算其他人並不相信你，你也有可能會勝出。而就算所有人都相信你，如果你不相信自己，也同樣會是個失敗者。雖然你並不需要敲鑼打鼓來宣傳自己，但是你必須瞭解自己、尊重自己。必須克服膽小內向的性格、相信自己，這樣才能戰勝恐懼心理和不自信心理。你必須充分發揮自己的力量，否則你就會失去你的力量。與其最終失敗，犯個錯誤又何妨？記住：「失敗不是罪過，人生的目標太低才是犯罪。」只要有勇氣去拼搏，就算失敗了，也要強過有能力獲勝、卻沒勇氣去實踐。

莎士比亞告訴我們，懦弱的人早在死亡真正到來之前，就已經死掉過好幾次了。膽小之人永無止境的杞人憂天，會給他們帶來許多麻煩和壞運氣，假如他們充滿勇氣和自信，就算他們預見的這些事情真的發生了，也不會因此陷入困境。膽小的人應該意識到，他們想的太多了，其他人連他們想的一半都不及。所以，膽小內向的朋友們，別人都在忙自己的事情，根本就沒時間去想你們腦子裡的那點事情。

如果膽小內向的人，稍微知道一點心理化學方面的知識，如果他們知道，兩種截然相反的心態，無法同時存在於一個人的思想中，那膽小就算不上什麼難以克服的弱點或心理問題了。膽小的人往往還有一種不如他人的心理感覺，如果能夠在思想上持有一種正好相反的心理，膽小自卑的感覺就會減少許多。你要在思想中一直保持一種充滿勇氣的、勇敢的想法，一定要明白，人類與生俱來的聖潔力量，將會產生一種巨大的克服困難的力量。

我們會發現，許多幸福的、成功的敵人，如膽小、敏感，只不過是一種精神疾病和心理弱點，它們都是能夠治癒的，尤其是如果能夠在早期得到治療，效果會更好。但我也知道不少很顯著的例子，一些已經步入中年、原本十分膽小的人，他們不但克服了這種心理障礙，而且很快就克服了。這個問題其實很簡單，人們只要瞭解了自己的力量，並去應用和它正好相反的精神力量去緩解即可，這與肺結核細菌能夠被抗生素消滅是同一個道理。

膽小內向的人應該牢記，你並不是一個流浪兒，也不是一個木偶，你並沒有被拋棄、被孤立，也不應該被機會、命運恣意玩弄於股掌之間。相反，你具有旺盛的生命活力，這種巨大的、富有創造性的生命力，是來自宇宙的力量。如果你能夠意識到，自己和這種神聖的力量源泉有著密不可分的關係，就像陽光和太陽密不可分一樣，這種意識將不斷加強你的高貴感，讓你從此擺脫自卑的、總感覺不如他人的想法，讓你不再覺得自己沒有足夠的能力，來應付任何突發狀況或緊急形勢。

解鈴還需繫鈴人。記住，如果你深受膽小內向之苦，解脫方法就在你自己手裡，別指望外界的幫助能對你起到多大作用，你只能靠自己來克服性格上的障礙，來成功達成生活中的理想目標。不要抱著幻想，自欺欺人地認爲，即使自己在主觀意志上不去努力，精神的力量也會推著你前進。你有自己的雙槳，划動它們，否則你就隨波逐流，最後被生活的激流所吞沒。你應當自己對生活中的成功與失敗負責，但是，要實現這一切也絕非一朝一夕之間的事情。因此不論你對責任感到多麼畏懼，都要勇於去承擔它。正如卡萊爾所說的那樣：「當你做好了手頭的事情後，下一件事情就離你不遠了。」

第12章　習慣與個性優勢

培根告訴我們：「按照科學的方法精心培養起來的習慣，實際上僅次於人的秉性。」而韋靈頓公爵卻認爲：「習慣次於天性？習慣起到的作用十倍於天性！」塑造優秀人格，培養良好、顯著個性的秘訣之一，就藏在我們稱之爲「習慣」的事物背後。習慣能爲這個世界帶來奇蹟。

我們生活中現有的一切成就，均來自我們已經形成的習慣，人與人之間在能力和效率方面，之所以會存在巨大的差別，在很大程度上，是由早期教育所形成的習慣造成的。又有誰能估計的到，有多少人只因在年輕時，養成了結交狐朋狗友、閱讀低級趣味書刊的習慣，終因玩物喪志而毀了一生。

許多人總是在抱怨自己的生活不如意，自己總是不如別人那樣幸運，他們其實是受制於這樣或那樣的習慣，無法在自己想要努力的方向上，取得長足的進步。

所謂「命運」這種東西，其實也就是一張自己編織起來的網。人們的習慣和行為，就好比編織這張網所用的紡線。人的整個一生，到底是一幅傑作還是一個敗筆，往往取決於他們平時所形成的、每個或好或壞的細微習慣。

再也沒有什麼比習慣更能夠影響人類的命運了，一生的命運如何，取決於我們形成的習慣。我們是自身習慣的產物，一種行為經過反複實踐之後，就會成為一種迫切需要去做的不自覺活動。

生活本身就是由一系列習慣組成的。想想看吧，人生苦短，若不是有了習慣的幫助，若非習慣讓我們下意識地做了許多事情，就算是我們能夠看到下個世紀，我們又能取得多大的成就呢？不論我們想要去往何地，我們都無須停下來思考下一步該怎麼向前邁；當我們駕車、談話、彈鋼琴或者去做其他想做的事情時，我們也無須刻意去想哪個動作，應該使用哪塊肌肉。任何事情，一旦我們徹底掌握，就會變成一種不自覺的行為。

不斷重複積極的行為和創造性思想，一直到大腦中這種思維過程變成一種習慣，那主要的、創造性的、積極的個性也就自然而然地形成了。一個人的思維習慣，既會讓他擁有強烈的個性特徵，也會讓他成為軟弱之輩。一個人如果擁有自信、自我肯定、果斷的心態，就會變得極富創造力，如果他思想中藏有懷疑、猶豫、自我貶低的想法，他就會成為一個消極的、效率低下的人。習慣性思維，只不過是一個如何武裝自己大腦的問題。

習慣伴隨著我們一同來到這個世界上，是伴隨我們終生的搭檔，它幫助我們完成我們所希望的事情。習慣能夠在很大程度上提高我們的品味，不同的習慣會帶給我們不同的結果，它既有可能推動我們前進，也有可能讓我們栽跟頭。

「人」是由許多因素構成的，因此，我們的所作所為將成為自身的一部分。我們的個性也正是以這種方式塑造起來的。邋遢、馬虎的習慣，必然會形成不認真的個性，所以，確保最佳個性、品質的方式，便是在生活中養成良好的習慣。有些習慣會讓人受益終生，它們的價值不可估量，這些習慣包括早晨按時起床，儘快還債，保持禮貌、和善，隨和待人，講究方法性和條理性，準確表達每件事，有始有終，絕對誠實，不浪費時間。以上這些習慣一旦形成，將會在人類柔軟的神經或大腦組織上，留下一定的痕跡，並徹底紮根於一個人的精神、心理世界中。

竭盡所能去做事的習慣，將會成為一個人個性中的核心特徵，它影響著一個人的舉止風度和內在涵養。做事情有始有終的人，總有一種安詳平靜的感覺，不會輕易失去平衡。他無所畏懼、問心無愧地面對這個世界，他知道，自己做任何一件事情都很認真，無須感到羞愧，他的成長歷程是腳踏實地的。感覺自己很稱職，是行業中的佼佼者，能夠應對任何突發狀況；明白自己一旦著手某件事，就必定有能力做的很優異，這種感覺能夠給人一種眞正的、來自靈魂深處的滿足感，這種感覺，是一個沒有全部投入的、工作馬虎的人永遠無法體會到的。

如果一個人能夠感覺到，自己身體裡有一種鮮活的力量，這種力量讓他能夠將自己所從事的工作做好，能讓他身體裡的各種官能，全力支援他的工作，人們對他付出的努力給予高度的首肯，這便是幸福，這便是成功。正是這種強烈的力量，激勵著他的各種官能發揮最大的作用，它將促使精神、道德、身體的力量增加好幾倍。這種增長、這種精神力量的擴展、這種拓寬的視野，能給人以難以言喻的額外的滿足感，因爲它實現了人類精神力量的高貴性與神聖性。

詹姆斯教授曾經說過，自卑的習慣，任由自己自卑下去的習慣，是人類生活中最可悲可歎的事情之一。一個人一旦形成了自卑這種致命的壞習慣，擺脫它幾乎成爲最困難的一件事情。許多人之所以會成爲自我貶低的受害者，那是因爲他已經習慣性地，接受了人們不利於他的看法。

一定要當心，不要讓你臉上消極的表情，洩露你消極的心態，成爲你不如他人的標籤。

如果你習慣於說「我做不來這個」、「我做不來那個」，如果你安於接受某些思想，比如說事情總是不利於你、你運氣不好、別人能做的事情你做不來，你就給自己貼上了差人一等的標記，那麼，每個人都能看到你的標籤。

不要用貶低的想法和評價來對待自己，不要認為自己是個微不足道的人，永遠也不會有出息，因為這樣的念頭每出現一次，你就會朝著這個方向前進一步。你的心有多大，你的世界就有多大，你永遠無法突破自己的思想所設下的限定。

習慣只有在與之相反的思想命令之下，才會漸漸被打破、發生改變。

要想獲得成功，培養習慣的努力必須是自願的、愉快的。如果一個人為了自己所愛的人，改變自己的本性，其成功的概率，要比被討厭的老闆逼著做出改變大的多。

勇於征服的習慣，也就是說總朝著自己好的一面去想的習慣，相信自己無論做什麼都能夠成功的習慣，對個性的塑造，能起到極大的促進作用，它是一個人持久忍耐力的發源地，是美好個性的基石。凡是那些被認為在各方面都很優秀的年輕人，被認為做什麼事情都能成功的年輕人，必然是具有征服的精神，走路、談話、行為舉止都透著這種精神的年輕人。這樣的人才是真正前途光明的人，每個雇主都在尋找這種類型的人。

透過一個人的儀態舉止，人們總能判斷出誰是常勝將軍，因為這樣的人無論走到哪裡，都帶有一種勝利者的姿態。這樣的人總是不卑不亢、光明坦蕩的。他從不舉棋不定，他的每個行動都透露出堅定和意志。他的每個動作都透著力量，不論走到哪裡，他都帶著力量和勝利者的姿態。他從不迴避你的眼神，也不多說什麼，他無須向你解釋，他從不轉彎抹角，總是開門見山、直奔主題。他很坦率，說話很直接，因爲他從不懼怕什麼。他的性格光明磊落，他不會遮掩自己的計畫，也不會隱藏計畫的行動步驟，因爲他不需要這樣做，他沒有秘密，他的一切都是公開透明、能擺在桌面上的。

我們發現，能夠讓人獲得成功的習慣，都是由許多小的習慣組成的。其中最爲重要的習慣，就是做事當機立斷、無所畏懼，毫不遲疑地和棘手問題做鬥爭。這樣的習慣，將會大大提升一個人的行動力。

透過培養，你能夠擁有的最好的習慣之一就是及時迅速，也就是立刻去執行自己職責的好習慣。這一習慣具有深遠的影響，因爲你在得到一個守時的聲譽的同時，也就獲得了人們對你的信任，人們會自然而然地覺得，你在其他方面也是一個值得信賴的人。納爾遜伯爵曾說過：「我將生活中的一切，成功都歸因於提前一刻鐘到達。」

很少有人認識到，及時迅速的習慣，對於一個人事業的成功，有多麼重大的意義。它有助於培養一個人良好的決策習慣。一個做事情總是拖拖拉拉的人，在做決定時也會搖擺不定，這樣的性格註定難成大器。

將「選擇正確的時機立刻行動」當作自己座右銘的年輕人，更容易獲得輝煌的事業和生活。準時能夠以更好的方式教育一個人，它能提醒人們系統和條理的價值。人們應在孩童時期，就養成早晨按時吃飯、按時上學的習慣，這對他們日後成爲一個可靠的人至關重要。

生意人總是十分強調及時迅速，因爲具有這一品質的人，通常還具有其他一些成功者所必備的品質。恐怕誰也沒有聽說過，一個拖拉、邋遢、馬虎的人，能夠被人們視爲及時果斷的人。及時果斷往往伴隨著系統、條理、時間觀念強、堅持、認眞、徹底等品質。

個性積極主動的人，通常辦事迅速果斷，而個性消極被動的人，在約會的時候通常守時性較差，而且他們還嚴重缺乏積極主動性。及時迅速的人往往是果斷的人，他們比那些習慣於遲到的人，更明白自己想要什麼。所以，效率高的人、成功的人身上，都具有類似於迅速及時、系統條理、創新、準確的品質。

人們雖然並不能夠完全意識到，正是他的各種日常活動，以及透過努力所得到的品質和思維模式，鑄就了他的秉性和人生，但這的確是千眞萬確的事實。習慣的培養一刻也不曾停止，即使我們在睡著的時候，它的作用也仍然在繼續。

第13章　人與衣著

每當我們碰到那些高度注意自己的外表、在衣著方面極為講究、時刻注意清潔衛生、關注身體細節的人時，我們都會有一種神清氣爽、精神振奮的感覺。在著裝方面格外注意的人，大多是舉足輕重的人，因為他們將自己獨特的個性與品味，視為一份需要精心打理和呵護的珍貴禮物。

我們對待自己的身體，也應當像對待自己的才智那樣，珍視它，我們的著裝應當和我們的個性保持和諧一致。愛美之心人皆有之，儘量將自己打扮的漂亮得體，讓其他人看著感覺舒服。然而大部分人都不怎麼考慮自己的形象和個性，至少連應有的關注的一半都不及，他們並沒有專門注意自己是否整潔，衣著是否得體，總體形象是否良好。

菲力浦・布魯克斯曾說過：「關注身體和關注靈魂，並不是兩項獨立的職責，而是一項職責的兩部分。」

如果我們眞的相信自己具有聖潔的品質，我們就必須承認，具有聖潔品質的人，絕不應該像乞丐一樣衣衫襤褸或衣著寒酸、不得體、骯髒邋遢，以這樣的一副形象四處走動，是對自己不負責。我們應該時刻保持整潔、追求完美，這樣，人們之間才能彼此吸引。盡可能地在穿著、舉止、談吐、風度方面，留給他人一個美好的印象，的確是我們每個人應盡的職責，每個人都應該是一件藝術品才對。

我們無須將大把時間都花費在穿衣打扮上，我們只須保持整潔、健康，在衣著上稍加留意即可。

一個在各方面都十分細緻的人，會注意到自己的每個細微之處。早晨出門之前，或離開家外出前，一定要做好遇到熟人的準備，一定要確保襯衣是乾淨的，外衣上面沒有污漬。如果你將之視爲生活中不可或缺的一個習慣，那你不僅會更愛自己，而且會避免許許多多讓人感到尷尬、沒面子的狀況。

我認識一個人好多年了，這個人頭腦相當聰明，卻不修邊幅。我幾乎從來沒見過他襯衫的領口和袖口是乾淨的，也很少看到他的衣服上沒有油漬。他常常打著一條髒兮兮的、破舊的領帶，他從來沒有特意擦過自己的皮鞋，也沒有熨燙過自己的衣服。這些事情都嚴重影響了他在事業上的發展。

我還認識一個專業人員，他才華出眾、自信幽默。因為他太不注意穿著打扮，看起來懶散邋遢，所以沒有人樂意邀請他，否則他一定會是一個大受歡迎的人，尤其是在公共場合，晚宴過後，他必定會有一番輕鬆幽默的調侃。不論他走到哪裡，都沒有在乎過自己的穿著，他似乎也不注意其他人穿著什麼，他的衣服總是不太合體、不太乾淨，也不太分場合。

每個人都承認他是一個天才，他很有聰明才智、優秀出色，但是他的外表實在難登大雅之堂。

領口不乾淨的襯衫、過於破舊的外套、會讓許多人顏面盡失，正如一位來自波士頓的朋友所講述的、他自己的一次尷尬遭遇一樣。在一個下雨的早晨，他穿著一件舊外套出了門。這件外套不僅已經磨的起毛了，而且急需清洗與熨燙。他想，雨大概會下一整天，所以他也沒有換襯衫，覺得不會有什麼問題。但令他大為懊惱的是，就在那一天，他卻碰到了幾個對他十分重要的人物。他後悔極了，如果時光能夠倒流，他一定會在那天早晨穿上另一件西裝，換上一件乾淨襯衫，他寧願用一百美元來換取。

他知道自己衣著寒酸邋遢，所以表現的極為心神不寧，和平時簡直判若兩人。那一天，他一直都很敏感、很窘迫、很忐忑。他說，這件事情給了他一個教訓，他下定決心從此以後不論天氣情況如何，不論他要去哪裡，穿著打扮不得體，絕不跨出家門半步。

我們都知道，一個人如果穿的很差，就很難將自己最好的一面展現出來。好的衣著能夠襯托出一個人文雅的舉止。得體的穿著會令我們自信，從而口才更好、思維更活躍，會讓我們更加有創意、會讓我們更加充滿勇氣。心態與一個人的能力、效率密切相關，它既能夠提升、也能夠減退一個人的能力。如果我們感覺到自己的著裝有點問題、搭配不當，或給人一種寒酸、邋遢、敷衍的感覺，會讓人覺得我們思想上缺乏條理、不整潔，我們必然會感到不安和窘迫。這種感覺會削弱我們的勇氣，會影響我們其他許多官能發揮作用。這樣一來，我們的創造力就會減弱，我們思想的力量和談話的品質，就會受到嚴重影響。

雖然沒有人知道，爲什麼個性和衣著會對一個人，產生如此強烈的影響，但是誰也無法否認一件事情，那就是著裝對我們的日常行爲，起到了非同小可的作用。好的外表對我們由內而外起到幫助作用，因爲任何有助於我們增強自信的事物，都能提高我們的效率，同時也能增強我們的幸福感。相信每個人都體會過新衣服或合體的裝扮，是如何帶給自己愉悅、讓自己充滿活力的。我們都知道披上新裝時，是一種什麼樣的感覺，那是一種精神振奮的感覺，它讓沒精打采、萎靡不振的感覺，一下子就離我們而去，一下子就讓我們生出額外的力量！當人們打扮得體時，走路的步伐也會更輕快、更加精神抖擻、更加挺胸抬頭，思維也更加敏捷，他們會有一種成就感，會有更多的自尊與自信。

愛默生說，感覺自己衣著光鮮，能帶給人一種內心的寧靜。那是一種來自內心深處的寧靜，它能讓我們有出色的表現，而當我們衣著寒酸邋遢時，是絕不可能有這樣的表現的。

下次當你感到憂傷、洩氣，或對某些事情感到不理解時，不妨嘗試一下下面的實驗。洗一個熱水澡，有可能的話，洗一個土耳其浴，梳洗打扮一番，然後穿上你最好的衣服。將自己打扮的就好像要出任某個重要職位一般，將自己的房間整理好，就彷彿有某位重要客人即將光臨一般，你會吃驚地發現，你的精神狀態將會自動做出調節，和設定的周圍環境的標準保持一致。有一個奇怪的現象，那就是不論我們多麼有能力，我們都無法將自己的思想和外表、裝束相割裂，它對我們的生活具有微妙的影響。

不久前，一位極富人格魅力的女士對我說：「我也不明白這是怎麼回事，也無法做出解釋，但是當我知道自己穿著好衣服時，總有種不同於平常的感覺。我感覺自己天性中的某一面被打開了，自己的力量得到了解放，我能更好地表達自己了。在別人面前很好地表現自己是一種刺激，除了這種刺激本身之外，一定還有其他什麼東西，因爲當我穿著好衣服的時候，就算是我獨自一人在家中，心情也比穿著很隨便的衣服，在附近走走強上許多倍。我甚至連信都寫的比以前好了，我的閱讀能力也比以前強了，我的工作也比以前得心應手了。在某種程度上，穿著整齊可以讓我整個人精神振奮，我更有自信了，我會更多地思考自己了，我更加尊重自己了。現在，我發現自己已經體會到了，穿著好衣服帶給我的好處了，當我穿著隨便時，就算是在自己家裡，我也有一種自慚形穢的感覺。

艾拉．惠勒．威爾科克斯說：「要在生活中儘量讓自己變得美麗。首先要用美麗的思想、美麗的欲望、美麗的行動美化生活，接下來再去關注我們的身體，讓它保持乾淨、整潔、有條理，給它穿上得體的衣服。不論你生活中的任務目標是什麼，有一個事實是不容忽略的，你的個性和外表，極大地影響著你的成功或失敗。有的人外表平凡，甚至面目醜陋，但他們的個性充滿魅力，前提條件是，他們穿著打扮都很得體。」

很少有年輕人對影響自己生活成功的事情，投入足夠的關注。個性品質是一個人最基本的一筆財富，但是並沒有許多人意識到，認眞打理這筆財富並讓它產生最大的利潤，是件多麼重要的事情啊。

沒有人會知道，也沒有任何一個統計學家或社會學家，能夠給出確切的答案，在失業人員、不享有公民權的外籍居民、與成功失之交臂的人、靠救濟度日的人、違法犯罪的人這個社會群體中，究竟有多大比例的人，正是因爲在剛剛步入社會時，沒有注意自己的個人形象，才淪落到這步田地的。有一句老話說的好，「人靠衣裝，馬靠鞍」。我們或許可以質疑這句話的準確性，但是如果我們完全對這句話嗤之以鼻，我們就絕對不會踏入通往成功或高尚人格的高速路。

在這個世界上，能幫助我們的，除了一顆勇敢堅定的心之外，就只有良好的外表形象了。我們的衣服以及我們穿著的方式，都對我們的生活有著極大的影響。莎士比亞說的好：「衣著常常代表著一個人的內在。」

衣著是我們在社交場合中的第一張名片，是一位紳士的身份標記和象徵。任何一個穿著不當或著裝寒酸的人，都無法發揮最佳狀態。

好的衣著並不一定就是昂貴的衣物。好的衣著是指能夠表明，穿著者具有平衡的心態、有條理、能夠勝任工作的衣著，穿著的方式能夠表明這個人的狀態。

如果一個看起來落魄、無精打采的人去應聘一份工作，他的外表很可能會令他遭到拒絕。他給人很明顯的感覺，是他生活的不如意，任何一個雇主，都不願意去雇用一個滿臉晦氣的人。他們追求的是效率，他們想要的是系統、有條理、精力充沛、有衝勁的人，是肚裡有貨的人、有力量和耐力的人。當一個人的穿著和外表，恰恰表明他並不適合自己所應聘的工作時，可想而知會是一個什麼樣的結果。一個人只有在得到機會展示他的能力時，才能夠證明他有進步的能力。如果他用糟糕的著裝毀壞自己的形象，那這種機會一般來說都會離他而去。

有許多頭髮已經花白的中年人，他們帶著滿臉的疑惑，日復一日地忙著到處尋找工作。幾周過去了，幾個月過去了、他們仍然沒能成功的得到一個職位，這令他們大為失望和沮喪。而當他們沒能得到某個職位時，他們又似乎總是認為，問題就出在自己灰白的頭髮上，是因為自己年齡大了，全然沒有意識到更多時候，問題是出在他們糟糕的外表形象上、不整潔的衣著上。這種人總是喋喋不休地講述自己運氣多麼不好，他們一直都很難找到工作，並希望以此能夠激起雇主的同情心。如此這般地抱怨運氣不佳，只能阻礙自己的成功，讓成功的機會離自己越來越遠。

既然如此，那讓老闆雇用你的最為快速有效的辦法，就是將自己好好的打扮一番，不論你是什麼年齡，都儘量讓自己看起來跟的上時代，看起來頭腦敏捷。如果你外表看起來不討人喜歡，就不要抱怨自己總被別人拒絕。

然而遺憾的是，人們對我們的判斷往往不是透過大事情，而是透過一些小細節。指甲裡嵌著髒東西、破舊的領帶、油膩膩的襯衫領口、鬆垮垮的褲子、不乾淨的帽圈……許許多多的小事情，都能降低人們對你的評價，會留給人們一個錯誤的、對你極為不利的總體印象。

我們首先是透過自己的整個身體去展現自己的，我們的著裝能夠在不知不覺中，暴露我們的個性特徵。人們往往將一個人外表所顯露出來的東西，當作他內在的品質，如果一個人的外表看起來不討人喜歡，或者令人反感，人們就會不自覺地認爲，這個人的思想相對應也是如此。不修邊幅的外表和不拘小節的舉止，常常意味著混亂的思想軌跡和道德方面的不檢點。

人們個性品質的退化，往往是從忽視個人形象和不注意個人衛生開始的。一個人不管出於何種原因變得灰心喪氣，只要他出現了不注意個人衛生、對自己的著裝毫不在意的情形，那用不了多久，他也會漠視自己的公司、自己的同事、自己的舉止，最終變成一個漠視倫理道德的人。良好、健康、清潔的身體和良好、健康、清潔的人格之間，有著密切的聯繫。任何一人只要忽略了其中一方面，必然也會不由自主的放棄另一方面。

羅伯特．J．伯德特說：「隨著生活水準的降低，人的思想境界也會降低。懶散邋遢具有傳染性，它能從一個人的外表傳遞到思想內部。衣服上的灰塵與污垢，極有可能會影響你的思想。整潔是世上最爲廉價的奢侈品，也是最讓人感到舒適的東西。」

專業人員、保險業務員、旅行銷售人員、管理人員，凡是在工作中需要和其他人打交道的人都說，世界上最缺乏遠見的做法，就是在能買的起好衣服的情況下，卻穿著過時的、寒酸的、不乾淨的衣服，而且還不顧個人形象到處走動。經驗告訴我們，單單是個人外表形象，就能夠產生很大的影響力，就能夠將雇主或客戶吸引到自己身邊來，同時，我們還有可能得到邀請去到某些地方，在那裡，我們將有機會認識結交更多的傑出人士，擴展自己的業務範圍。

如果那些已經功成名就的人，覺得自己仍然有必要注意自己的外表形象，對於一個剛剛開始起步，或者努力了一半、馬上就要得到自己所追求職位的人來說，難道不是更加重要嗎？

好的衣著和整潔的外表，能夠增強一個人的自尊心和自信心，能夠提升一個人的能力。它能讓人無所畏懼，能提高一個正常人的思想境界，讓他感覺到在這個世界上，有一個屬於自己的位置，所以，他必須爲自己的同胞、同事做一些事情。重視自己的外表形象，盡可能地保持最佳狀態，時刻留意讓自己保持乾淨整潔，這種思想意識是一個人逆境中的支持力，能夠給予他尊嚴、力量和號召力，能夠讓他贏得他人的尊重和仰慕。

對於許多優秀傑出的人來說，如果他們在剛剛踏入生活舞臺的時候，能夠更多注意一下自己的外表與穿著，而不是固執地認爲太過注重衣著是紈綺子弟的做派，那他們的成功可能會來的更容易、更快捷！如果林肯在早年時期更加注意一下自己的外表，他很可能就用不著受那麼多苦。賀瑞斯・格里利也一樣，似乎從來沒有關心過自己身上穿著什麼樣的衣服。所以說，如果一個人對待自己的外表形象馬馬虎虎，那麼，再偉大的思想也會處於不利的境地。當然，粗枝大葉的作風，對一個人的名聲也不會有什麼好處。

生活中一切努力的方向，總體上來講應該是向上的。讓別人對自己有不佳的印象，是誰也承擔不起的損失。如果一個人的衣著和不修邊幅的打扮，讓我們大倒胃口，那他留給我們的第一印象就很難改變。如果一個人本身就有缺陷，那他更加不應該讓自己處在不利的境地了。

每個人其實都應該是一件精緻的藝術品，使衣著與自己的個性保持協調，這樣才能留給人們最好的、最有利於自己的印象。但是大部分人都是表裡不一的人。衣著並不完全適合內在秉性、脾氣性格、年齡、身材體形。我們看別人穿什麼，自己就穿什麼。這世上沒有兩個人是完全一樣的，但是我們卻戴著和其他人一樣的帽子，穿著和其他人一樣的襯衣、和別人款式相同的外套。

著裝也是人的一部分，它應該有獨特的含義，應該能充分體現一個人的個性和特點。著裝應該是穿衣者自身的代言。沒有兩個人是完全相同的，那我們爲何要和別人穿同樣的衣服呢？你的個性氣質值得人們去好好研究，至於你的衣著打扮，就更需要體現出你的品味與眼光。不要認爲每年跑那麼幾次商店，每次花上幾分鐘時間，買上一套衣服就足夠了。佩戴適當的首飾著實能讓人增色不少。

一個人問另一個人：「爲什麼B先生身上穿的衣服很昂貴，也十分時尚，可他看起來卻總是讓人覺得不舒服呢？」答曰：「因爲B先生從來沒有眞正瞭解穿著的意義，他只不過是在身體上覆蓋了一層衣物而已。」

我們都曾經碰到過B先生這樣的人，穿衣只爲遮體，不爲合體。無論是從顏色、款式或質地上來講，他們的衣服並不適合自己的個性氣質和脾氣性格。他們看起來就像爲了遮羞而胡亂穿了一身怪怪的衣服。這種愚笨的穿著方式，其實與千千萬萬沒有好衣服穿的人，與某些從著裝特點上就能看出其低俗品味的人，幾乎是相差無幾的。

許多人宣稱自己買不起好衣服。他們無論走到哪裡，都穿著不太合體的、將將就就的衣服，他們很想知道，究竟有誰能靠微薄的薪水，既能生活的好、又能穿的好。這些人沒有注意到一個事實，那些穿著得體的人，並非穿著昂貴衣服的人。乾淨整潔不會比穿著品牌服裝給人感覺差多少。穿衣服也好，其他一些事情也罷，細節之處往往更顯示出重要。乾淨的領口、繫的很用心的圍巾、擦的鋥亮的皮鞋，要比優質的亞麻襯衫、柔滑的絲綢和精細的皮草，更能反映一個人的個性；穿著得體要比衣物昂貴，更能反映一個人的思想。一頂質地很好卻佈滿了灰塵的帽子，不知道阻礙了多少人前進的道路，佈滿污漬和泥巴的皮衣，絕對無法表明一個人的優秀品質。毫無疑問，穿著得體要比衣著昂貴更划算。所以，你一定要儘量買好一點的衣服，並好好保養它們。

相對經濟條件較差，無法按照自己的願望去穿著，的確是一個不利條件。但是如果你心裡知道，你很整潔，並且已經盡可能地讓自己穿著得體了，那你的舉止風度會更加自信、有尊嚴。穿著打扮在很大程度上是一個品味問題，它能夠反映一個人內心深處的追求。

不注重、不在乎衣著對你不會有任何幫助，更不會成爲你人品出眾、思想偉大的標記。相反，它只能表明你這個人，沒有像正常人那樣關注自己，你要麼不太尊重你自己，要麼是不太尊重他人。穿著合體、漂亮的衣服，讓自己看起來賞心悅目，是你應當做的事情，這不僅是對自己負責，也是對別人負責。一個人如果更愛自己，那麼別人就會更愛他。

第14章　談話的藝術

不善於表達自己，或是心裡很明白，卻無法用趣味性強、有氣勢的語言，有條理地將思想表達出來的人，總是處於非常不利的情形之下。生活中，我們到處都可以看到發展的非常快的人，只因爲他們很會說話，他們能引起別人的興趣，這一點大大提高了他們的人氣，讓他們更具人格魅力。同時，我們還可以看到另一類人，他們在自己的專業領域中有很強的能力，但他們的朋友卻很少，升職也很慢，只因爲他們不善言辭。他們從來都沒有領悟到什麼是談話的藝術。

最有趣的事情，莫過於聽一個善於表達的人，用生動有趣的語言，繪聲繪色地講述某件事情。在談話的過程中，一個人的文化修養、受教育程度、生活閱歷，都會逐一表露出來，所以人們會盡最大努力，提高自己的談話水準。不論你的職業是什麼，畫家也好，雕刻家也好，工作只不過佔用了你生活中的一部分時間。並非每個人都能看到你的繪畫、你的雕塑，也並非誰都能聽到你唱歌，有機會衡量你的工作能力，瞭解你的特殊才能，但是不論你在和誰談話，你的談話藝術卻是顯而易見的。只要你一張口，你談話的水準就會顯現出來。透過談話，人們往往能夠迅速判斷出一個人到底是個怎樣的人、修養如何，因為談話能夠表明一個人有多少力量、才智如何。

那麼，為何不仔細研究一下，精彩的對話需要具備哪些基本元素，從而讓你自己的談話也成為一種藝術呢？為什麼不去多讀一些書、多觀察事物、多和人交流，盡可能多問問題、多吸收知識，充實自己的思想呢？為何不下定決心，讓自己成為一個談吐不凡的人呢？想想看它對你的朋友來說意味著什麼，它會帶給你什麼樣的滿足感，它對你的事業又會帶來怎樣的幫助？想想看，它對你能力的提升是多麼有幫助，能在多大程度上支持你事業的發展？

利用出類拔萃的談話能力，成為一個健談的人，能夠吸引到人們，緊緊抓住人們的注意力，將他們吸引到你身邊來，這其實也是一種不可估量的成就。高超的談話水準，不僅有助於你留給陌生人一個好印象，更有助於你結交新朋友、留住老朋友。談話藝術能幫助你叩開人們的心扉，軟化人們的意志，讓你在各種場合中，都成為人們感興趣的對象，讓你在社交場合遊刃有餘，為你帶來客戶，讓你在生意或專業方面擁有固定的合作夥伴。

如果從你的談話中，看不出文化和修養；如果你的談話，並沒有表明你很熟悉文雅的用語；如果從你的談話中，看不出你是在一個有文化的家庭背景下長大的，身邊的朋友也沒什麼文化，人們自然就會將你劃入相應的群體。你所遇到的每個人，都在看著你特有的、能說明自身價值的標籤——外表形象、禮儀禮節、談吐舉止。如果你出言粗俗輕浮，人們自然就會將你列入粗俗輕浮的一類人當中。如果你的語言不雅，人們也會據此看待你。

有人說：「語言表達既不是一個人自以爲是的表現，也不是貧乏空洞的表現，要想成爲社交場合和商場上的成功者，我們必須學會如何透過溫文爾雅的談吐，來吸引人們的注意力。」

不善言談的人，通常用「有的人生來就能說善道」來爲自己找藉口。照此說來，好的律師、醫生、商人也是天生的，而不是透過努力才獲得成功的。如果沒有努力，恐怕誰也走不了多遠，努力是取得任何有價值的成就，所必須付出的代價。誠然，大自然賦予了某些人靈巧的嘴，讓他們費不了多大勁，就能用優美的語言，自如地表達自己的思想，但這並不表示普通人透過後天努力，就無法成爲一個健談的人。來自思想的魅力和舉手投足之間的魅力，幽默、富有同情心、反應敏捷、善於捕捉事物之間的聯繫、領悟能力強，這些都是一個善於言辭的人十分明顯的特點。雖然有人會說，這些都是極少數人擁有的天賦，然而，每個人在經過堅持和努力後，都可以在這方面獲得一定的成功，都可以做到侃侃而談。

在朗費羅給一位年輕朋友的建議中，有這樣一條，不善言辭的朋友不妨作爲參考：「每天看一些好圖片，盡可能是自然風景，油畫也可以，聽一曲優美的音樂，或讀一首名詩。每天抽出半小時或一小時，就這樣堅持一年，你會發現你的腦海裡時刻會迸發出思想的火花，平時的積累已經成爲一筆寶藏，就連你自己都會大吃一驚。」

所以說讀書對人大有幫助，但這裡所說的書籍，並不是指那些愚蠢的、膚淺的、追求感官刺激的小說，而是那些發人深思、豐富知識、激勵我們的書籍，是讓人志向更加遠大、生活更加自立、才思更爲敏捷的書籍。對於那些細緻的觀察者、聰明的讀者和愛思考的人來說，他們擅長的談話內容，是根本不受任何限制的。你可以隨便談論你在一天裡看到的、聽到的、讀到的東西，以及你在這一天裡經歷體驗過的有趣事情，你也可以談談讓你興趣盎然的事情。所有這一切都會成爲你的精神食糧，都會成爲你展開一段對話的素材。

班傑明．富蘭克林告訴我們，當他醞釀嚴格而艱巨的「完美道德計畫」時，他列出了十三條美德，每一條都附帶一句訓誡。第一條是節制，第二條是沉默，接下來是這樣一條訓誡：「只說有利於他人或有利於自己的話，否則請保持沉默。避免無聊的談話。」

在選擇談話話題時，應當儘量避免某些內容。儘量不要談論自己，也不要談論自己的職業和社交圈。辦公室和家這兩個和一個人的成敗息息相關的地方，或許是人們最感興趣的話題，但拿它來當作社交話題是絕對不適合的。至於你個人的苦與痛、你的憂愁傷感，能少說儘量少說，不論你走到哪裡，這些事情說的越少，你就會越受歡迎，這個世界本身的煩惱就已經夠多了。

有些人動不動就想得到他人同情，總是將自己的麻煩向朋友傾訴，直到朋友們見到他就害怕。對於這樣的人，非得讓他吃點苦頭，他才會明白這個道理。我本人就知道這麼一個事例，一位年輕女士在第一次眞正遭遇了痛苦後，從中吸取了寶貴的經驗教訓。她生性活潑可愛，在社交場合中很受歡迎。由於她性格中生來就有能讓別人開心的地方，所以，她身邊總是有許多朋友。直到有一天，她有了自己的憂愁煩惱，所以她常常在前來探訪她的朋友們的車裡訴苦，這下子，誰也不來找她了。有一天，她碰到了幾個過去常來她家的女孩子，圍在一起嘻嘻哈哈地談論著自己的所見所聞，於是，她就想問問看爲什麼現在她比以前更需要她們了，而她們卻不去她家了。她問道：「你們有的人過去每天來看我，爲什麼現在都躲著我？」

其中一個年輕女孩比較坦率，甚至有點粗魯，她回答道：「現在，每次去你家裡，就像去參加葬禮一樣。你過去是我們這幾個人中最開心的一個，但現在我們每次去你家，你的眼淚簡直就像洪水決堤一樣，我們非常害怕，你總是不停地在說你自己的煩惱。」

這位年輕女士感覺到很受傷害、很震驚，也很憤怒，她大聲對這個毫無同情心的女孩說道：「別再說了，我們之間到此為止。」然後轉身離去。這件事情對她來說是一次寶貴的教訓，這些年來不論是好還是壞，就算是在無法獨自承受的艱難時刻，她從來都沒有忘記過這個教訓。她已經學會了一首詩中所寫的一句話：

歡笑的時候，讓這個世界一同歡笑；
哭泣的時候，讓我獨自哭泣。

另一個儘量避免談論的話題是家庭瑣事，以及和傭人之間的關係。一些主婦的確很有才能，她們總是發起一些話題，討論在沒有幫手的情況下，整理家務是一件多麼困難的事情，客人們在離開後，心裡總覺得自己的整個拜訪時間，都是在和一些廚房瑣事打交道，會有一種對方「招待不周」的感覺。

在公共社交集會上，提出有關教會和宗教的話題是最不明智的做法。因為每個人的宗教理念和觀點不同，所以它會引起無休止的爭論，很明顯，這種爭論對於並沒有參與進來的人來說，都是令人討厭的事情，而且還容易成為主客之間不愉快的根源。實際上，宗教這一話題往往太過嚴肅，所以說，如果以此作爲談論話題的話，恐怕除了每個人不同的個人觀點之外，其他方面將一無所獲。

下面還有必要說一下，爲什麼在談話中，不應該有任何非議他人的成分。事實上，流言蜚語、搬弄是非已經成爲人們社會生活中，一種公開的邪惡行爲。流言蜚語會毀掉家庭，能將人逼上絕路，會讓無數無辜的人成爲犧牲品。因爲謠言的矛頭一旦指向了某個人，即使後來事實證明這一切純屬子虛烏有，人們仍然不願去承認謠言是錯誤的。

博頓．金斯蘭小姐說：「能給人帶去輕鬆愉快的談話，不僅取決於談話者的知識面與文化素養，它還取決於此番談話的意圖，以及對其他人能有多少貢獻，而且，談話必須要以真誠、協調、簡潔爲前提。我們要想激勵別人，首先要對自己所談論的話題感興趣，發自內心的熱情是有感染力的，它會讓說話者的面部表情豐富生動，肢體語言形象有趣，表達連貫清晰。當然，這與眉飛色舞、吹牛說大話有著千里的差別。

如果缺乏簡潔明瞭，談話就失去了魅力。如果我們聽某個人說話時感到很累，或者說話的人過分注重自己說話的效果；如果這個人毫無必要地，提到自己認識某顯赫人物，或者炫耀自己的成就，貶低他人、抬高自己，那從意識到這一點看穿他的那一刻起，我們就會對他的裝模作樣、矯揉造作感到厭惡和鄙視。眞實的東西具有一種神奇的力量，不論使用什麼樣的言辭來表達，人們總能夠感覺到它。「自我意識」只不過是「自我主義」另一個好聽一點的名字罷了，因此要想讓談話在簡潔的基礎上更加優雅、有尊嚴，我們首先必須要忘掉自我。

當我們碰到眞正的談話藝術家時，我們會感覺到聽他說話是一種享受、是一種喜悅，我們會感到奇怪，談話原本是藝術中的藝術，爲什麼大多數人相互進行交流時，竟然會如此笨拙地使用語言這種媒介。

在我一生當中，我曾經碰到過數十位讓我感覺具有極大潛力的、能成爲談話藝術家的人。其中女性包括：瑪麗·A·利弗莫爾、茱莉亞·沃德·豪、伊莉莎白·斯圖爾特·菲爾普·沃德，她們的談吐都非常富有魅力，幾乎和赫爾之家的簡·亞當斯及霍里克山學院院長瑪麗·伍利不相上下。如今，能找到一個八面玲瓏的談話藝術家，聽他用音調完美的英語說話，眞是件稀有的事情。

令人遺憾的是，不大關心說話方式是美國人的個性特點之一，美國人不僅不善於言談，而且不是好的聆聽者，他們根本就沒有耐心去聽。美國人無法專注、熱情地去吸取故事或資訊中的精華，無法保持沉默，以示對談話者的尊重。他們總是不耐煩地左顧右盼，或許還會擺弄手錶，用手指在椅子或桌子上留下一些痕跡，身體扭來扭去，讓人感覺他們想要急著離開，他們還常常沒等別人說完就插話。事實上，他們是一群極度缺乏耐心的人，除了急於向前衝，推開別人去搶奪他們想要的職位和金錢之外，沒有時間做任何事情。

如果你希望別人對你感興趣，那你首先要對別人感興趣。聆聽本身就是一門深奧的藝術。最能夠取悅他人的事情，莫過於讓他知道你在很認眞、很有興致地聽他說。做一名好的聆聽者，其重要性僅次於成爲一名好的談話藝術家。但是如果別人在講話的時候，你表現的很無所謂，如果你的眼神四處遊蕩，看起來一臉茫然，別人也就失去了對你的興趣。

瑪格麗特．E．桑斯特曾說過：「談話從根本上來說是一種社會行爲，這種行爲在個體身上是無法進行的。要想展開談話，至少需要兩個人，一方說，另一方聽；一方提出觀點，另一方表示贊同；一方提出挑戰，另一方否認。在旗鼓相當的兩個人之間展開的對話，應該是生動而明快的，雙方都應該很有禮貌而且很樂意去聽對方的意見。」

許多人不願意發揮自己的能力，成爲一個善於社交的人，成爲一個好的談話者和聆聽者。許多人不願爲此付出努力，以生性內向靦腆作爲藉口。我們常聽到有人這樣說：「我對別人很友善，但我卻不知道如何來主動引起他們的興趣。我不知道該和他們說些什麼，每當我需要做自我介紹時，我就會張口結舌，像一根木樁一樣呆呆地站在那裡。人們很快以各種禮貌的藉口離開了我，他們請求離開一會兒，但是離開後就一去不復返。想盡辦法和我的天性做鬥爭，沒有絲毫用處。」

這樣的人需要克服自我意識。他必須忘掉自己，發自內心地去接受別人。當然，一個人要想克服沉默寡言、靦腆內向的個性，以及戰勝害怕和陌生人交談的心理，需要付出許多努力，但值得嘗試。下定決心告訴自己，你所碰到的每個人，都有讓你感興趣的地方，你一定能發現這些點，這樣一來，你就會吃驚地發現，你的表達能力提高了許多。不僅如此，你還會發現自己整個人的個性，都有了顯著的提升。

從談話中能看出一個人非凡的能力、潛力與才能，談話能夠以神奇的力量，激發一個人的思想。如果你不盡力去將自己的內在才能表達出來，誰也不會知道你到底擁有什麼。所以親愛的朋友，一定要記住，如果你無法用很好的語言表達自己，縱然擁有再多的天賦本領、再優良的教育背景、再好的衣著、再多的金錢，都無法讓你成為一個有趣的人，一個走到哪裡都能給人帶來笑聲歡樂的人。

任何有價值的東西，都是透過思考、努力、不斷應用而得來的，獲得良好的社交能力也不例外。語言學家為了掌握一門外語，會花上數十年的時間進行研究，就算那些名聲顯赫的音樂家和畫家，同樣也要經過艱苦的訓練才能名揚四海。所以我們應該十分確定，這個世界上因才智和超群的口才而出名的人，絕不是在自己的領域中不思進取、遊手好閒的人。

不論你所從事的事業是什麼，你都不能忽視培養個人的品質，不能忽視令自己具有獨特魅力的重要性。在通往完美個性的道路上，你要明白該說什麼，如何用一種能夠取悅他人的、自信的方式去說，因爲它將爲你架起一座座通往目的地的橋樑。

第15章　真摯，真誠！

許多年前，一個人來到了紐約的一家醫院，他想知道醫療科學能否幫助他做臉部整形，好讓他面對朋友時不用再戴面具。他是個化學家，有一次在做炸藥實驗時，化學原料著火了，並且發生了爆炸。當時正拿著一瓶硝酸的他摔倒在地，容器打翻了，硝酸溶液灑了出來，濺到了他的臉上。幾個月來，他都在死亡線上掙扎，他的臉已經嚴重變形，就連他的妻子看到他時，也嚇得逃離了他。

在嘗試了幾次植皮手術之後，外科醫生告訴他，他的臉已經無法修復好了，他將永遠地將自己的臉藏在面具之後。

被迫將自己的臉隱藏起來，永遠不讓親朋好友看到，這是一件可怕的事情。但這個世界上卻有無數人，主動給自己戴上了一副面具。他們幾乎從不向他人表露眞實的自己，他們總是戴著假面具，表裡不一，毫無眞誠可言。他們的面具是謊言、是不誠實、是不厚道。

我認識一些人，他們知道自己並不眞誠也不眞實，他們並不是表面上看起來的那樣，但是他們似乎並沒有意識到，這是一件道德敗壞的事情。戴著假面具，不以眞實面目示人，口是心非，就好像天性中的一塊酵頭，它能削弱一個人的力量，讓他的自尊日漸消失。

在這個世界上，有一個人是我們必須要相信的，這個人就是我們自己。如果我們知道自己不是一個眞摯、眞誠的人，如果我們知道自己戴著假面具，那我們就無法再相信自己了。

首要一點：要做眞實的自己。
其次要是非分明。
最後要對每一個人都誠實。

我認識一些人，他們很有錢，但他們從來沒有得到過其他人的信任，因爲他們不眞誠，他們從來不講眞話，他們做作。人們都知道，他們戴著假面具，他們總是把眞實的自己藏起來。人們常常不信任那些心門緊閉的人，情願相信那些簡單、眞誠、樸素、實話實說的人。我們相信那些敢於表明自己立場的人，有些人得不到我們的尊重，是因爲他們人云亦云；我們尊重某些人，是因爲他們對自己的立場堅信不疑，是因爲他們毫不畏懼地，做好了捍衛自己立場的打算。我們害怕那些兩面三刀、背地裡做事的人，我們想要看到一個人眞實的模樣和他眞正的自我。

所有眞正的偉人都有一個共同的性格特點，那就是誠實、熱忱。如果一個人從不表露眞實的自己，如果一個人待人不誠懇，不論他出身多麼好，生長環境多麼優越、多麼有聰明才智，人們很快就會開始拒絕他。

要想擁有至上之人格，眞摯誠懇是基礎。做人不夠眞誠，會影響一個人的其他美德，眞誠永遠是其他任何品質或個性特徵所無法替代的。我們欽佩一個人簡單、眞摯的品質，要遠遠超出對其他品質的仰慕。

「誠摯」（sincerity）一詞緣於拉丁語的「純粹」(sinecere)，它的意思是一個人從不矯飾，也不會戴著面具。眞誠的人從不藏在虛假的表面之下，也不會讓眞實的自己消失不見，他們從不模仿他人，也不會裝腔作勢，做自己就足以令他們心滿意足。他們從不害怕表達自己的觀點，不論這個觀點是否和其他人的觀點相一致。對於比他們職位高的人，他們從不阿諛奉承、卑躬屈膝，他們仍然是他們自己，眞摯、誠懇、坦蕩，對一切豁達。這也正是我們欽佩眞誠之人的主要原因——他們就是他們自己。

如果你想要培養富有魅力的個性，你就必須要有自己的特色，必須停止一味模仿他人、照搬別人的做法，要勇敢地做自己，別害怕，將自己所想的說出來，這無疑會增強你的自信心。在需要表達自己思想的情形和場合下，你要有自己的觀點，並且有勇氣說出來，這將提高你的判斷能力、思考層次以及首創精神。

所有偉大人物的生活都是簡單率眞的，他們從不炫耀賣弄自己，從不戴著面具矯情做作。紳士風度、簡樸、眞誠是偉大的品質，所有偉大的品質均建立在眞誠之上。不論你多麼努力地想要掩飾眞實的自己，不論你在公眾面前偽裝的多麼巧妙，你的天性卻是無論如何也掩藏不住的。如果你總是想要將自己眞實的一面隱藏起來，那你必然也會失去很多機會。你眼神中流露出的某些東西，總是將你出賣。通常，一個無意的眼神、不經意的一瞥，會讓你一直緊閉的心門打開一條縫，會撩開你偽裝的面紗，讓人們感覺到你竭力掩飾的眞實企圖到底是什麼。

眞相會以各種形式顯露出來，紙裡永遠包不住火，清者自清、濁者自濁。一個眼神、一個聳肩、一個細微的動作，都會說明問題，此時，天性會說：「這才是眞實的他。」

熱愛眞實的事物，是每個偉大靈魂的共同特點，眞實和誠實，永遠是一條戰線上的聯盟軍，和二者切斷關係，就等於失去了一筆寶貴的財富。

不論你生活中的際遇如何，也不論你所做的事情是成功還是失敗，有一件事情你是一定能夠做到的，那就是做一個誠實、眞誠的人。你能做到眞摯，你可以總講眞話，這樣，每個人都會對你有一個瞭解，都知道你可靠，因爲你一直都這樣。只有這樣，你的個性才能日臻完美，你會更有吸引力，擁有更強大的人格力量。

人格的力量往往和一個人的誠實、眞誠、質樸程度成正比，這個世界願意聆聽人們的心聲，鄙視那些裝模作樣的人，那些油腔滑調、言不由衷、對誰都沒有一句實話的人。

虛僞做作是最讓人瞧不起的性格。任何欺騙，不論這種欺騙多麼無足輕重，都是危險的，它都可能會誘使你一直沉溺於謊言當中，因爲你一旦開始說謊，就會形成習慣，謊言也會越來越大，直到最後，你將陷入自己親自編織的各種謊言中，難以自圓其說，感到焦頭爛額。

待人不夠誠懇會給家庭帶來非常嚴重的後果，其中最大的受害者就是孩子，當然，那些親自將這些不良行爲示範給孩子們的家長，同樣也是受害者。孩子們在很小的時候，就學會在小事情上說謊，長大後很有可能會演變成犯罪。小孩子支支吾吾的謊話，可能會讓他在成年後，成爲一個長期習慣於說謊的人。在和孩子交流的時候，應該遵循眞誠眞摯的原則。有一則波斯寓言告訴我們，眞誠待人會給孩子帶來什麼樣的影響。

阿卜杜卡迪爾（阿爾及利亞的民族英雄）的母親給了他四十塊銀子，並要他承諾永不說謊，對他說：「去吧孩子，我現在將你託付給了上帝，我們也許今生永不再相見，直到我們面對上帝的那一刻。」

這個孩子離開了家，獨自去尋求財富。但是沒過幾天，他所在的那支尋寶隊遭到了強盜的襲擊。

其中一個強盜問他：「你有多少錢？」

阿卜杜卡迪爾答道：「有四十塊銀子縫在我的衣服裡。」他的回答引來強盜的一陣狂笑。

另一個強盜又惡狠狠地問道：「你到底有多少錢？」這個男孩不假思索地，將前面的回答又重複了一次，這種坦白簡直讓人難以置信。

於是，強盜頭目注意到了這個年輕人，對他說：「過來，孩子。你到底有多少錢？」

「我已經對你們的兩個人說過了，我只有四十塊縫在衣服裡，可你們還是不相信我。」

強盜頭子命令道：「撕開他的衣服。」很快，他們就找到了銀子。

「因為我不能辜負我的媽媽，我曾經答應過她永不說謊。」

「孩子，」頭目說道，「你雖然年紀小，卻時刻牢記對母親的承諾，視之為一份責任，而我活了這麼大年紀了，卻剛明白，我欠上帝的實在太多了。把你的手給我，我要發誓從此以後重新做人。」

孩子把手伸了過去，其他強盜都感到大爲震撼。接著，強盜中的二把手說道：「是你喚醒了我們的良知，至少對我而言是這樣，你讓我知道了什麼是美德。」說著，他也像他的老大那樣，握住了阿卜杜卡迪爾的手。就這樣，所有強盜一個接一個都前去握了他的手。

如果說什麼事情，能夠讓我們感到最爲震驚，那便是我們一向都很信賴的人，竟然是個騙子。我們幾乎可以原諒任何事，唯獨欺騙留下的陰影難以擺脫。

你不可能長期將眞實的自己隱藏起來。當你打算留給他人一個虛假的印象時，你就已經開始說謊話了，但你遲早都會將自己的本來面目暴露出來。正如愛默生所說的：「人的個性是無法隱藏的，它遲早都會顯現出來。它不僅能透過我們的語言和行爲很強烈地體現出來，而且能透過我們自身釋放的氣場表現出來。每個人眞實的一面也是如此，它遲早都會透露出來。然而許多人卻不願承認他們眞實的一面，總是想表現的更聰明一些，更富有一些或更強壯一些，最終嚴重影響或毀掉了自己的生活。」

大多數的人在生活中都是虛僞的，只有極少數人，在各個方面都能做到絕對的坦率和眞誠。也很少有人願意敞開心扉，讓人們看到自己靈魂最深處的東西，我們總是將心門緊閉。

或許有時候我們只允許自己最知心的朋友，瞭解自己的思想深處，但對於絕大多數人來講，對他人終究是有所保留的。他們表面上和人們談笑風生，但他們從不允許其他人，進入自己的內心世界，因爲他們沒有足夠的勇氣坦白、眞實地面對每個人。他們很在意別人是否會評頭論足，對輿論的敏感，令他們將眞實的自己緊緊包裹起來。

對著自己並不喜歡的人滔滔不絕，是女性虛偽的一種常見的表現形式。我有一次聽到一個女孩，在一位客人出門後這樣說道：「謝天謝地！這位嘮嘮叨叨的大媽總算走了，她簡直快把我煩死了。我每次看到她都躲著她，這次實在躲不過了。」然而，這個女孩卻一直都對這位大媽很客氣，甚至表現出一副很喜歡她的樣子。女孩一直都告訴大媽，自己很高興見到她，希望她能常來，看到她眞的很開心。女孩並沒有意識到，這種客套話給自己帶來了什麼。

最不利於個性塑造的一件事情，就是嘴上說一套、實際做一套。它是眞誠的宿敵，而眞誠則是力量的源泉。鑽石上的瑕疵，不僅破壞了鑽石本身的價值，也損害了鑽石在我們心目中的形象，每當我們想到鑽石，總會不由得想到，它是世界上最完美無瑕的東西。

男性最欽佩的女性是眞摯善良的女性，而他們最討厭的，就是喜歡說謊話的女性。對於一個獨立自主的女性來說，她應具備的美德，最重要的莫過於有一顆眞誠、透明的心。在人格上能夠發展到最高境界的女孩，不應該有任何形式的欺騙行爲，包括語言上的欺騙、行爲舉止上的欺騙和外貌上的欺騙。

信任是做一切事情的基石，任何違反這一原則的做法均爲下策，更不必說那些惡劣的大奸大惡之事。透過正當乾淨的方式去謀生、賺錢要容易的多，令人吃驚的是，任何透過不正當手段去牟取利益的人，最終都能夠被人們發現，從而身敗名裂。

今天，在勞教所裡關著許多透過邪惡手段賺錢的人。在付出同樣努力的前提下，如果這些人當初採用的是乾淨的、光明正大的手段，那他們現在恐怕早已是富有、有影響力的人物了。爲每一次搶劫、盜竊制訂計畫、做安排、進行周密研究，最終付諸行動，同樣需要付出一定的勞動，如果將這些勞動用在正道上，而不是去偷竊，足以創造出更多的財富。

虛假的東西很快就能被人識破。裝腔作勢的人、假惺惺的人、口是心非的人永遠得不到他人的信任。對於不眞誠，你總能感覺得到。拍馬屁的人永遠不會留給我們好印象，因爲我們總覺得甜言蜜語都不是眞心話。這種虛假的言辭並不難被人識破。

在人們的印象中，孩子是率眞誠實的。如果你以自己的行爲或其他方式，爲孩子樹立了一個愛說謊的榜樣，如果孩子發現你戴著假面具，如果你總是喜歡心口不一、虛情假意，如果孩子發現你在撒謊或欺騙，孩子就會對誠實不以爲然，因爲他認爲父母的行爲都是正確的。那用不了多久，孩子自然而然就學會撒謊了。

我不只一次看到父親因孩子說謊話、欺騙家長而懲罰孩子，然而，當客人來到家裡時，父母不是也在做著同樣的事情嗎？

在紐約就有這麼一個例子。有一個虛僞的人，他向自己一個層次較高的朋友吹噓，說花了多少錢來爲他的豪宅，添置各種藝術品、新傢俱等。客人走後，他的兒子對他說：「你對布蘭克先生說你花了那麼多錢來買這些畫，可是你很清楚，爸爸，你並沒有花那麼多錢啊。」父親回答道：「那又怎樣呢？向人們誇耀一下你的品味、你能買的起什麼沒什麼大不了的。」

這個人怎麼也沒想到，過了一段時間，他竟然發現自己的兒子開始說謊話，而且是很嚴重的、讓他感到十分難堪的謊話。他讓兒子告訴他這樣做的原因，兒子說：「爸爸，爲什麼前幾天你可以說謊，告訴布蘭克先生，你買的畫值很多很多的錢，今天你卻不讓我說謊話呢？」

有時候，父母對孩子的責任感會走入一個誤區，這常常導致父親或母親對孩子不誠實。父親也許不願意讓孩子掃興，就算是買不起，他也不忍心拒絕孩子提出的要求，所以他就會硬著頭皮答應孩子，這樣做實在沒有必要。

爲什麼不將家裡眞實的經濟情況告訴孩子呢？你或許會說，你不想讓孩子過你小時候那樣的艱苦日子，你不想在他幼小的心靈裡留下貧窮的烙印，你希望他有一個幸福快樂的童年，穿著漂亮的衣服，擁有其他孩子擁有的一切。但是，你不覺得對孩子坦白、對自己坦白、對其他人坦白會感覺更好一些嗎？爲什麼要打腫臉充胖子，爲什麼要戴著假面具呢？爲什麼不願意讓別人知道你的眞實情況呢？難道只因爲別人的期待，你就非得硬撐著竭盡全力，去做一些心有餘而力不足的事情嗎？爲什麼你要讓自己表面上看起來強於實際情況呢？爲什麼要穿的比自己實際情況好呢？爲什麼你非得讓別人覺得你很有錢呢？爲什麼不實事求是一些呢？

你的孩子用不了多長時間，就會知道你的實際情況，那欺騙他又能得到什麼好處呢？你爲何會不顧自己能否負擔的起去買一些奢侈品呢？

歷史上，在自己簡陋的住處，用最樸素的菜肴招待尊貴客人的偉人比比皆是，但他們並不爲此而感到羞愧。有一個著名的法國人，他非常窮，每次有朋友來看他時，他除了馬鈴薯以外，再沒有別的東西招待客人。但他從不爲自己的貧窮感到難過，他把每一分錢節約下來，爲自己的圖書館增添一些寶貴的書籍。

同樣，拉爾夫・瓦爾多・愛默生也不怕在尊貴客人來訪時，用餐非常簡單，他也不會爲此而道歉。偉大的人總是那麼簡單而質樸，在任何場合下他們都是眞實的自己。他們絕不會讓你感覺到他們表裡不一，不會讓你產生錯誤的印象，覺得他比實際情況更好、更富有。

那些總喜歡佯裝的人，其實都是一些脆弱的人。總是僞裝自己的人，永遠不可能成爲擁有強烈人格魅力的人。生活在面具之後的人，總害怕自己的眞實面目被人們看到，他們總是想盡一切辦法來掩蓋自己，他們很難自如地表達自己，因爲他們總是很想知道別人到底怎麼看待他們，怎樣看待他們眞實的一面。他們害怕別人看到自己的瑕疵和弱點。

我的朋友，沒有任何東西可以代替眞誠，公正地對待自己，永遠不要試著去欺騙或僞裝，永遠不要戴上假面具，遲早你會無處可逃，你會難以自圓其說。如果你一直保持眞誠、正直、簡單，你就永遠無須再用十句謊言去掩蓋一句謊言，一切事情都會順理成章、按部就班。生活就會成爲世界上最簡單的一件事情，其他人會信任你。但是，如果你臉上戴著面具，人們就會懷疑面具後面到底是什麼，不論你說什麼，他們都會質疑、都不會相信，因爲戴著假面具的人，總是引起人們的懷疑。

鼓起勇氣做你自己吧！人們必定會更多地想到你。人們總是能辨別出那些虛僞的人、那些演戲的人、那些外表強於實際情況的人、那些貌似強大的人。

不論你是眞誠的也好，虛僞的也罷，骨子裡是一個有教養的人也好，裝出來的也罷，每一個和你交往過的人心裡都很清楚。虛情假意或裝腔作勢都是沒有任何用處的，如果你用虛假的面目示人，總會有人揭穿你。虛張聲勢和吹牛說大話是眞誠拙劣的替代品，如果你長期養成了行爲粗魯、舉止無禮的習慣，就算你偶爾裝的很有教養、舉止文雅也是無濟於事的，人們一眼就能看穿你。如果你說話的時候竭力去咬文嚼字，搞的弄巧成拙，人們就會明白，你其實根本就沒有什麼文化，你只不過是在裝裝樣子而已。如果你表面上對某個人熱情洋溢，心裡卻巴不得他快點消失，那他很快就會感覺到你的不眞誠。你的人體氣場中總有一些東西是你所無法隱藏的，正是這些東西出賣了你。

如果你想要獲得眞正的快樂，那就生活的簡單、眞實、自然一些吧。要眞誠！要對自己誠實，對每一個人都誠實，你將無所畏懼，你將不留遺憾，你將光明磊落、無愧於心。

第16章　自我發現之旅

達特茅斯學院一位著名的校長，有一次在面對全校學生講話時，給學生提出了這樣的建議：「首先，要在年輕時找到眞正的自我；其次，要確定你的發現是正確的。」

能發現更具潛力的自我，尤其是在很小的時候就能發現，是一件很了不起、很重要的事情。而朝這個方向邁出的第一步便是接受教育，盡可能多地接受各種教育。

科學的進步，提升了望遠鏡的倍數和比例，人類的視野也隨著望遠鏡的每一次改進而不斷被拓寬，它讓我們看到了更多的宇宙奧秘，爲人類呈現出了前所未有的全新景象。教育、培訓、紀律就好比三架望遠鏡，能讓我們瞭解到，自己竟然擁有迄今爲止全然不知的力量。當我們把教育這架望遠鏡，瞄準自己的內心深處時，我們會看到其中潛藏著神奇而巨大的力量，潛藏著無限的可能性。教育、培訓、紀律這三架望遠鏡的比例越是宏大，被調節的越是精準，我們就能更多地看到自己的潛在可能性。

發現你的潛能，激發你的志向，擁有崇高的思想，時刻督促自己做的更好一些，讓生命體現更大的價值，只滿意於表現最佳的自己，在最大程度上發揮自己的才能，所有這一切，都是大多數刻苦鑽研、勤奮好學的學生，所具有的主要優勢，你也應該不遺餘力地去獲得它們。如果你無法進入大學學習，你還可以利用業餘時間，在家裡自修大學課程，有許許多多的年輕人，都已經做到了這一點。

可以肯定，教育是通往自我發現之旅的必經之路。如果你想要成為一個巨人，而不是一個侏儒，你就必須不斷在各方面，盡可能透過教育來提高自己。透過仔細認眞觀察周圍的人和物，你能增加自己的才智；透過不斷學習、閱讀、思考，你能拓寬自己在心智方面的視野；透過不斷提高專業方面的技能，你能提高自己的效率。

或許，一本勵志的、催人向上的、給人以鼓勵的書籍，是自我發現的另一個有效手段。亨利．沃德．比徹說，在讀完《拉斯金》之後，他再也不是原來的那個他了。愛默生的作品啓發了無數讀者，包括我本人在內，許多人只有在讀過他的作品之後，才意識到自己具有更大的潛能。閱讀世界上最偉大的書籍——《聖經》、莎士比亞的巨著、名人傳記，以及那些偉大的發現者、發明家、文學家、科學家的生平故事，感受一下他們高貴的靈魂，這些都有助於人們不斷發現新的自我。雖然你無法親自與偉人交往，但是你手邊卻可以隨時有一本，關於偉人生活記錄的書籍。常讀這類書對你大有益處，因爲人的理想和志向，只有在適當精神食糧的不斷激勵和刺激下，才能保持光輝和活力。

許多成功人士直到中年時期或過了中年時期，才發現眞正的自我，才意識到自己的潛在可能性。他們偶然間讀到了某本勵志的書籍，聽到了一次觸及靈魂的演說，或碰到了一個有著崇高思想的朋友，於是他們豁然開朗，在一瞬間醒悟了。這些人理解他們、相信他們、鼓勵他們，去尋找一個更大的、長期以來被封鎖在平庸外殼之下的自我。

一切能夠激勵你向上發展的事物，一切能夠刺激你不斷付出努力的事物，一切能夠堅定你的理想，讓你下定決心去做某一件事、成爲某一種人的事物，一切能夠推動你、鼓勵你達到自己目標的事物，都是在自我發現過程中，得到的豐厚的投資回報。

要抓住一切機會去聽有關偉大人物的演說，將那些征服者、生活中的勝利者、戰勝重重困難取得成功的人的照片，掛在自己家的牆上，並在旁邊附上激勵人的座右銘。同樣也將這些東西放在你的辦公場所，讓這些東西時刻出現在你的眼前，就像過去的羅馬人那樣，將大英雄的雕像放在他們兒子的房間裡，喚起孩子對英雄的崇拜，讓孩子具有英雄的美德。

環境是自我發現的另一個強有力的因素。如果可能的話，我們必須要將自己，置於一個有利於孕育理想的環境之中，這種環境會不斷督促並激發我們潛在的能力。

在遵守原則的前提下，我們應當盡一切可能釋放自己最大的能力。沒有人應當被限制在一個讓自己壓抑、消沉的環境當中，所以，如果一個人能夠利用身邊的一切機會，不論這種機會多麼微不足道，他最終會突破環境的限制，得到發展。

如果你渴望對來自靈魂深處的召喚做出應答，如果你渴望將自己最有力、最優秀的一面表現出來，那這個世界上恐怕沒有任何東西能夠阻攔你，因爲「克服一切障礙的力量」，就蘊藏在你的身體裡。在美國這個自由的國度裡，如果一個人決定要找到自我、將潛在的才能最大程度地發揮出來，那麼，沒有什麼環境、情況會惡劣到讓人絕望、讓人毫無機會，也沒有什麼克服不了的困難。

在逆境中成長、發展起來的林肯，他所遭遇的巨大困難和克服的重重障礙，在美國恐怕是無人能比的。

施瓦布在年輕時，曾經是賓夕法尼亞洛雷托市的一位巴士駕駛員，後來他還做過店員。他在沒有任何外界幫助的情況下，逐漸改變了自己的環境，是因爲他能看準每一次改變的機會，讓自己進入一個更有利於實現理想的環境，最後成功地進入了卡耐基鋼鐵公司。在卡耐基鋼鐵公司，他最初只是一名平板車駕駛員，每天只拿一美元的工資，但是他卻利用晚上和假期的空餘時間堅持學習，好讓自己能夠勝任更好一些的工作。他的心中已經確立了很明確的理想目標，他告訴自己：「總有一天，我會成爲這家公司的總裁。我要讓我的雇主看到，我急切盼望能夠獲得更好的職位，我的付出將超過自己的薪水，我要超越老闆對我的期望。我心裡清楚，如果我全力以赴去拼搏，一定能獲得巨大的成功，我願意爲此而奮鬥！我要實現自己作爲一個人的最大價值。」

這樣的年輕人當然能夠得到提升，新的能力會隨著他的不斷進步逐漸顯露出來，這種全新的力量，甚至會令他自己感到吃驚。沒過多久，他就成了一名工程師，接著又成爲卡耐基鋼鐵公司的總工程師。年僅二十五歲，他就當上了霍姆斯蒂德鋼鐵廠的主管，三十四歲時，他同時負責管理卡耐基鋼鐵公司和霍姆斯蒂德鋼鐵廠，在三十九歲時，他終於成了美國鋼鐵公司的總裁。後來，他又做過伯利恒鋼鐵廠的總裁，政府軍用造船廠的董事長。他是全世界鋼鐵行業最了不起的人物，也是造船行業最偉大的人，他堪稱鋼鐵行業眞正的巨頭！

布林沃說過：「那些強於他人的人，都是在很早時候就找到自己的目標，並且習慣性地用目標來指引自己力量方向的人。所以說，即便是那些天才，他們也不過是在嚴格遵守自己制定的目標原則而已，每一個恪守原則並且決心讓自己不斷進步的人，都會在不知不覺中成爲天才。」

發展個人能力的進程，尤其是對特殊才能的開發，必須儘早著手進行，否則，取得巨大成就的潛力，就會隨著年齡的推移而逐漸減小。

如果你內心深處的呼喚不是十分強烈，或者你的天賦並沒有明顯到，讓你對自己註定要做的事毫不質疑的程度，那你就需要更認真地分析一下自己，最終找出適合自己從事的職業。

海面上隨波逐流的幾團海草、幾塊浮木啓發了哥倫布，並指引他踏上了具有劃時代意義的探險之旅，讓他登上了美洲大陸。正是這些東西不斷將新的希望帶給他，讓他有勇氣、有能力平息水手們的不安和躁動，最終成功地發現了一個全新的世界。正是這位偉大的發現家不斷向著西方航行，朝著帶有陸地信號的方向堅持前行，才能最終將這個新大陸展現給全世界。

現在，如果你正處在自我發現的航程中，你必定能看到一些信號，這些信號來自某個特別的方向，它將告訴你，你擁有什麼樣的能力。緊緊跟隨著它，它帶領你來到一個專門屬於你的領域，你將會發現自己同樣也擁有一個新大陸。或許有人已經告訴過你，你在某些方面的確做的相當好，在遇到緊急情況時，或者在面對重大危機時，你能夠做出一些令自己大吃一驚的事情，你或許根本不會想到，自己竟然還擁有如此強大的力量，會表現的如此出色。或許一直以來，你的生活波瀾不驚，所有認識你的人、對你沒有什麼特別印象的人，都覺得你是一個再普通不過的人，但是，如果你在某一時刻曾受到過激勵，那你極有可能擁有更好的學業和事業。或許你的某種直覺、你本能的自信一直在告訴你，你身體裡還有更大的力量沒有發掘出來，你完全可以成爲一名業績輝煌的銷售人員，成爲一名口若懸河的演說家，成爲一名偉大的律師，或者在其他和你目前本職工作無關的領域裡大顯身手。在你的事業當中，或許會突然出現其他一些跡象，表明你在其他方面具有更大的可能性，或者表明你的內在總體力量，超過了任何人對你的估計。

你需要做的事情，就是緊緊跟隨著這些透露出你潛力的信號。你要下決心，讓自己永遠處於最佳狀態，盡可能每天都做一些只有在緊急情況下，才能做到的事情，在自我發現的過程中，要像哥倫布那樣勇於探險、勇於發現屬於自己的全新領地，如此一來，你定然能發現，埋藏在你身體裡的那個更大的自我。

裴斯泰洛奇說過：「人們吶，大自然賦予你們的發展自身的力量，就孕育在你們自己的身體裡，就來自你們所感覺到的、源於內在的強大力量。」除了尋求正規管道的幫助，以及盡可能體驗一些有助於發現天賦、釋放內在力量的事物以外，最主要的是，你一定要依靠自己與生俱來的力量，盡一切可能發揮自己的才智。這個世界上每一個讓世人銘記的人、每一個做出過貢獻的人，都是發現了自己內在資源的人。自我發展的強大力量，其實就紮根在你的內心深處，只要我們奮力去將事情做好，只要我們努力讓自己在這個世界上有一席之地，我們必然會全力以赴，發揮自己的一切潛能。

就算是繼承了大筆財富的年輕人，也未必能發掘出自己比金子還珍貴的潛能，同時，也沒有哪位父親能夠替兒子做到這一點，要想實現它，只有透過自身的努力、自我修煉才行，在外界力量的幫助下所獲得的進步，永遠無法幫助我們找到自我。

年輕時的愛迪生，既沒有得到過他人的提攜，也並不富有，更沒有有權勢的朋友，但是他仍舊成了一個了不起的人，他只知道一件事，那就是他對科學研究和試驗情有獨鍾。愛迪生當時並沒有想過，自己會成爲世界上最偉大的發明家，他只不過按照自己的才能，充分利用每一個來到自己身邊的機會，不斷開發自己的能力。因此他的能力猶如一條涓涓細流，在流向科學海洋的過程中不斷被拓寬、加深，直到最後匯成波瀾壯闊的大河，流入大海。

亞伯拉罕・林肯也許做夢都沒有想過，自己竟然會成爲美國歷史上一位偉大的人，他只不過一直跟隨著自己擅長的東西前進，拼命獲得教育機會，在最大程度上發展自己的總體能力。和平常的男孩比起來，他似乎並不具有特殊、明顯的天賦或才能，但他將自己所擁有的東西發揮到了極致，向全世界展示了他巨大的力量與人格，他爲全人類帶來了福祉。

這兩位偉大人物最值得後人銘記的共同點便是，他們都是透過自己的不斷付出，透過不遺餘力的努力而獲得了教育機會，將自己提升到能夠達到的最高境界。正是因爲他們如同哥倫布發現新大陸般地，發現了自己隱藏著的能力，他們才能夠超越常人。

不斷自我提升、有自己的思想和行動、積極創新，這些都是對發現自我大有幫助的事情。

事實已經證明，精湛的工藝可以使一塊生鐵，變成一根價值比同樣重量的金子，還要貴上好幾倍的游絲。無論你覺得自己在先天才能方面多麼欠缺，只要你願意，只要你透過不斷苦練、研究和付出，你就可以將自己原本的價值，提升到一個你永遠無法想像的高度。

這便是原本爲織布工的哥倫布、原本是雜誌印刷工的富蘭克林、原本是奴隸的伊索、原本是乞丐的荷馬、原本是刀剪匠之子的狄摩西尼，以及其他一些出身寒微的年輕人所做的事情。

一個人更大的、更神聖的潛能，一個人未被開發出來的那一部分，或許正掩埋在懷疑、不自信、膽怯、恐懼、焦慮、憎恨、嫉妒、復仇、自私等各種心靈破壞者和各種靈魂垃圾之下。一個人要想找到眞正的自我，首先必須要除掉這些影響他成長和發展的障礙，以及其他一切阻撓因素。

第17章　健康就是力量

擁有健康的人就擁有希望，擁有希望的人就擁有一切。

——阿拉伯諺語

一位女士將汽車停在修車廠前，她的車需要修理後才能繼續使用。這位女士說：「我真不相信，這麼一點點小毛病，竟然會讓一輛價值一萬美元的汽車無法行駛。」

一位機械師告訴她，毀掉一輛最好的車，是世界上最簡單的事情。如果車子什麼地方出了問題，哪怕是最小的問題，如果不去理會的話，這個小問題要麼會導致汽車無法發動，要麼會引起更嚴重的問題。如果車子使用的燃油品質不好，如果某個螺帽或螺絲鬆掉了，如果機油用完了或者軸承過熱，任何地方出了任何毛病，哪怕再小的毛病，就算不會導致車子完全癱瘓，也會讓車子的功能受到嚴重損害。

雖然人人都知道，對於沒有生命的機器來講的確是這個道理，但是，大多數人卻似乎認爲，對於結構更爲複雜精妙的人體機能而言，在出現各種健康問題的時候，身體仍然可以堅持工作一段時間。人們對自己身體健康的關注程度，要遠遠少於那些聰明人物對自己轎車的養護，然而，當某些人的身體垮掉時，他們卻無法理解，爲什麼疾病總是來的如此突然。

前不久，一位躊躇滿志的年輕人找到我，希望我能告訴他，如何提高自己獲得成就的能力。只見他面色蒼白而憔悴，臉上帶有一種類似於縱欲過度的跡象。這個年輕人似乎急於功成名就、飛黃騰達，但不巧的是，他卻選擇了一種錯誤的方式。有幾個問題表明了一個事實，雖然他這樣做並非普通意義上的縱欲，但是，他所採取的方式卻嚴重威脅到了他的健康。白天，他努力工作一整天後，晚上，還要一直學習到半夜一兩點鐘。爲了提神，他不僅要喝過量的咖啡和茶，而且使用其他刺激類藥品，甚至還使用毒品。

許多才能出眾的人，對養生和健康問題的忽略程度，已經達到了令人震驚的地步。身體處於正常狀況人的比例只有千分之一。人們的健康，需要有益於精神恢復的娛樂活動、體育鍛煉及玩耍，來做適當的「調劑品」，「調劑品」應當由開懷的笑聲和生活中許許多多的樂趣構成。但是，有的人過多使用了這種「調劑品」，有的人則使用過少，還有的人或許從未使用過適當的、正確的娛樂活動，來讓身體這部機器工作起來更順暢。人們濫用自己身體的消化系統，吃下各種各樣的食物，這些食物彼此並不相容，因而不斷發生衝突，最終導致消化系統失調，然後，他們企圖透過外界的刺激，如咖啡、香菸甚至毒品來疏通它。這種方式的確能夠刺激某些器官的功能，就好比用鞭子在疲憊的馬兒身上抽打一樣，只能在短時期內起到一定作用。但我們幾乎沒有意識到，透過這種方式來解決問題的代價十分昂貴，無異於飲鴆止渴。

富蘭克林曾經說過：「十個男人中，就有九個在自殺。」這句話很有道理。不論走到哪裡、不論是從事哪個行業的男人，多年來的生活方式都很不健康，全然不顧健康原則，這種做法讓他們的壽命大大縮短。

保持身體健康，本來是一件極其簡單的事情，但是許多人，有老有少，健康狀況每況愈下，一日不如一日，因為他們過多地消耗自己。長期不規律的生活，已經讓他們的身體透支，大腦和神經系統組織抵抗力減弱，因此他們容易患上肺病或其他疾病，這些原本非致命的疾病，卻奪走了他們的生命。

我們常常聽到許多有關保護自然資源的說法——水資源、森林資源、煤炭資源、礦產資源，以及其他一切自然資源。但是，保護人類資源同樣是迫在眉睫的事情——保護人類的健康資源、精力資源、潛能資源，還有我們的生命。但是我們卻毫不在意地肆意揮霍著自己的生命資源，令人痛惜。

人體本來是一台功率強大的發動機，它爲我們的生命系統，源源不斷地輸送出大量的能量。但是，和人體本來應有的力量相比較，我們實際的生命動力卻是微弱和鬆散的、渺小和無力的。如果我們擁有良好的健康狀況、擁有強盛的生命活力、擁有活力四射的精神狀態，那麼，我們就能夠去做任何事情。

保持身心健康，去做我們最具潛力的事情，是一切成功的基礎。

如果你想要勝出（又有誰不希望如此呢），你就必須在生活的競技場中使出渾身的解數，擁有健康的體魄，保持最佳的狀態，這樣你才能展示自己最漂亮的拼博。你必須像職業選手那樣，賽前做好充分的準備，下定決心保持自己的記錄。在身體狀況不是很好的情況下，採用旁門左道的方式去求得成功，就好比由於使用不當，導致一個發電容量大、擁有大功率發電機的、原本能夠產生豐厚利潤的發電廠，發生短路、燒毀或產生其他低級故障。

優勝劣汰是生命的法則，大自然不會利用弱勢的東西。身體虛弱的人，往往會遭到無情的踐踏。健康意味著自信、希望，健康能大大增強人們的勇氣，它讓我們更加相信自己的能力和自己的人生使命。信心是一切成就的基石，健康則意味著更多的機會與更大的可能性，它意味著效率、成功、幸福。可以說擁有健康體魄的人，在任何年齡段都是富有活力的。

一個人健康、活力、精力方面的發展，和他在心智方面的發展同等重要，不論一個人的文化程度多麼高，如果他沒有四射的活力、如果他沒有可釋放的能量、如果他的沉悶讓你感到壓抑，你很可能就會說：「心智水準這麼高，身體基礎卻這麼差，眞可悲！」他也就不再吸引你了。

人們常常問我如何培養個人魅力，我的第一條建議就是要有一個健康的體魄。因爲一個人的吸引力，是身體活力和思想活力的統一體。促進健康、注重養生是提高個人魅力的最佳途徑，一個身體虛弱、沒有生命力的人，幾乎沒有任何個人魅力。

健康讓一個人感覺良好，感覺良好的人就會表現的很好，因爲我們很難在病痛的折磨下微笑，在身體虛弱的情形下心情愉快。

擁有一個健康的身體，精力充沛，覺得自己是一個征服者，這是一種很棒的感覺。身體強壯，思路清晰，能夠應對一切突發狀況，這一切讓我們在任何情況下都能擁有主動權，而一個弱者很可能會就此失去勇氣。

誠然，這個世界上有許多人拖著病痛的身體，或在身體有殘疾的情況下創造了奇蹟，但這畢竟是極個別的特例，不能證明健康的身體不重要。諸如聖保羅、亞歷山大・波普、凱撒、巴斯卡、納爾遜，他們都是身殘志堅的典型範例，他們用強大的精神力量和意志，戰勝了身體上的病痛或殘疾。但對於絕大多數人而言，做的不錯的都是那些身體不錯的人。羅馬人的理念——健康的思想孕育在健康的身體裡，充分表達了一個人身心健康的最佳境界。

對於那些體質較弱的人而言，一個被事實反複證明的眞理是：健康是可以透過慢慢調理得到的。我們可以採取對待一株弱小的植物的方式，透過正確利用陽光和空氣，透過施以適當的營養物質來逐漸改善。

正是我們健康的體魄、異常飽滿的精神和擋不住的活力，在爲我們的魅力指數加分，爲我們打造超級完美的個性。

約翰．A．豪蘭曾這樣寫道：「偉人的吸引力來自這樣一個事實——他只需要花費自己一半的力氣。正是他尙未發揮的另一半力量，令他的才能得到人們的肯定。」這一半積蓄起來的力量，恰好就建立在良好的健康狀況之上。

「充分利用力量，創造最高效率。」這句話應該是我們的座右銘。但是，有多少人的所作所爲卻與之相反？他們消耗著自己的身體！

早晨起來，精神飽滿地開始一天的工作，是極爲重要的事情。只有這樣，才能對工作充滿熱情，才能有良好的精神狀態去開心地工作，才能在工作中不斷進步，讓每一分鐘都過的有價值。但如果你萎靡不振地去上班，用低落的情緒、沮喪的態度對待自己的工作職責，並且大腦反應遲鈍，由於長期缺乏睡眠或不良生活習慣的影響，看上去滿臉疲憊。或者飲食結構不合理、暴飲暴食，導致消化系統遭破壞而影響身體健康。這兩者之間可謂天差地別，後者不僅會嚴重影響你的外表形象，而且會影響你的性格和個性。

心情愉快、精神飽滿、生活態度樂觀是健康身體的自然表現。而沮喪、洩氣、乖戾、不愉快的個性傾向，通常與虛弱、衰竭的身體是相聯繫的，與之對應的大腦和神經系統，長期以來得到的血液供應也是劣質的。

茁壯成長的年輕人，自然而然會滿懷希望，對自己充滿信心、對成功成竹在胸。他們比那些身體虛弱、身體器官長期浸泡在劣質血液中的人，和營養結構不合理而導致體質虛弱的人，有更大的勇氣爲事業做準備。人體應當攝入適當的營養物質，這樣才能夠爲身體各器官，提供潔淨的、充滿生機和活力的血液。

布利斯．卡門說：「理想和志向是人類靈魂的自然產物。但營養物質和衛生健康，是生命力正確且不可或缺的來源。」

美國高強度的現代生活，已經使許多疾病發生了改變。現如今，壽終正寢以及因慢性疾病久治不癒而亡的現象已經頗爲罕見了，人們紛紛議論的是心臟病和中風，很多人在沒有任何徵兆的情況下猝死。匆忙與焦慮是現代生活的主要特徵，同時它們也是人類健康的兩大敵人。

過去，人們常開玩笑說，「爲了省時間，半夜起來吃早飯」，現在，許多人正應了這句話。爲了趕時間，他們匆匆忙忙吃早飯，還沒等嚥下最後一口，就衝進汽車或地鐵。還有的人冒著生命危險，跳上已經開動的列車，他們只須再等幾分鐘，就可以安全登上下一趟車。匆忙的節奏其實未必能節省多少時間。有句老話說的好，「欲速則不達」，這句話用來描述那些每日生活在快節奏中的人再合適不過了。總是行色匆匆的人，會變得神經質、易怒、暴躁。

許多美國人看不慣英國人「不緊不慢」的做事方式。吃一頓飯要花那麼長時間，下午茶時分還要稍作休息，然而這種悠閒的方式更有益於健康、成功和長壽。你幾乎看不到有哪個英國人是慌慌張張的，通常你也不可能讓他加快節奏。但他們一天的工作量，並不會比風風火火的美國人少多少，因爲他們做事的效率高、摩擦少。對於每一個在辦公室裡焦頭爛額的人來說，最好的座右銘便是：不必操之過急。

快速進餐已經成爲現代文明的一大弊端。大都市中的男男女女，匆匆忙忙在一刻鐘內將午飯搞定，商人總是將吃飯地點，選擇在配備有股票行情報價器的場所。

吃飯的時候，腦子裡仍忙著想事情，不利於消化。要多花點時間細嚼慢嚥，如果可能的話，在吃飯的同時，進行一些輕鬆愉快的談話。吃飯時，把工作的事放在一邊，把吃飯當成一件正事，這樣，身體就會將進入腸胃中的食物充分吸收。

飲食規律也十分重要，因爲胃是有習慣的器官。如果它習慣了在某個特定時間裡接受食物，到了這個時間，它就會自動分泌胃酸，爲消化食物而提前做準備。但是如果一個人吃飯不規律，胃部沒有提前做好消化的準備，消化吸收就會延誤。飲食規律和飲食結構同等重要，它們都有助於保持健康平衡。

「看一個人，要先看他吃什麼。」

別指望那些暴飲暴食的人，或飲食不規律的人長壽或生活的幸福快樂。當人體的消化系統開始工作之時，胃部就會將用在身體其他部分的能量調撥過來。伏爾泰認爲，一個國家的命運，常常取決於總理處理政務的才能。歷史學家莫特利的觀點是，查理五世的感知力，改變了整個世界的命運。但是很少有人認識到，我們的成功與失敗、受人歡迎與否，很大程度上與我們的飲食密切相關。

虛弱單薄的身體，無法爲大腦提供足夠的養分，以便讓它發揮正常的功能。如果大腦得不到足夠的營養，它就無法獲得活力、力量、動力、精力和耐力。

如果你要保持健康，就必須講究科學，健康從合理的飲食開始。

食物要多樣化，而且要理性進食。大多數人吃的過多，尤其是那些久坐的腦力工作者。班傑明・富蘭克林給出了明智的建議：「食物和水分的攝入量應恰到好處，既要適應體力的需求，又要考慮到腦力需求。」吃的越多，需要的睡眠也就越多，人也就會變得越懶惰。當然，我們也不必走極端，比如說爲食物稱重，將食譜嚴格限制在穀類、水果、堅果、蔬菜之內，將肉類排除在外，但是我們必須理性選擇食物的品質或數量。另外，在戶外活動的時間越長，對健康就越有利。

奧斯丁・弗林特博士說：「體育鍛煉和戶外活動，要比任何已知的藥物對疾病的療效更佳。」

對於體育運動的類別和強度，我們必須要有一個合理的判斷。過度鍛煉非但不會改善體質，還會有損身體。容易興奮的人和體質過弱的人，不適宜在晚上八點以後做任何形式的鍛煉。這些人常常說，在健身房裡度過了一個美妙的夜晚之後，躺在床上至少要兩小時才能入睡。如果他們能夠按照以下的提示去做，他們會很快進入夢鄉：睡前喝上一杯熱牛奶或熱水，吃一小片黃油麵包（麵包應是全麥的，而且至少是兩小時前烘烤出來的）。

過度鍛煉會讓人精疲力竭，這樣的鍛煉對身體沒有任何好處。體育鍛煉是保證年輕人生活健康的最佳途徑，因爲它能消耗掉年輕人過多的精力。

適度的鍛煉，會讓一個人在短時間內，提高腦力勞動的效率。精神健康取決於身體健康，而身體健康則取決於肝臟功能，肝臟的狀況又取決於鍛煉情況。

睡眠是健康的重要組成部分，睡眠爲人體儲存能量。里德告訴過我們：「每一天都有生命的守護神，讓我們擁有全新的一天。」詩人將睡眠稱作「大自然賦予我們的甜美的恢復方式」，莎士比亞則說：「睡眠能將散亂的部分修整連爲一體。」

在過去，人們對睡眠時間的規定是：男人需要六小時睡眠，女人需要七小時睡眠。但是人們的經驗和常識，早已經推翻了這一沒有任何依據的規定。辛勤工作的人，不論性別，均需要充足的睡眠。格蘭特就曾經說過，如果沒有至少九小時的睡眠，他根本什麼都做不成。

每天早晨，不論是在地鐵裡還是大街上的公車裡，我們所看到的，不是一張張充分休息後精神煥發的面孔，和一雙雙炯炯有神的眼睛，而是許多滿臉倦容的人。他們眼皮沉重、疲憊不堪，一看就知道是因爲缺乏睡眠而精神不振。

失眠，甚至精神分裂，是上帝對長期睡眠不足的懲罰，失眠會導致抑鬱，而緊接著的或許就是精神分裂。

有規律地休息有利於規律、舒暢的睡眠。賀瑞斯・格里利在工作時間結束後，從來不允許任何生意上的事情或娛樂活動，佔用自己的睡眠時間。諾斯克利夫公爵，世界上最具人格魅力的人之一，晚上九點半準時睡覺，早晨六點半準時起床。

有許多人睡眠不足，是因爲帶著工作中的事情或心中的焦慮上床。他們從來不知道，要在工作時間結束後放鬆思想，因此無法得到充足的睡眠，以保證工作效率。辦公室的門雖然關上了，但他們的思想還沒關上，他們還在一直不停地想啊，想啊……

格拉德斯通的一生，都具有一種非凡的能力，他只要一離開倫敦，就能將所有的政務及大大小小的事情拋諸腦後。他聲稱，只要自己的頭碰到枕頭，在五分鐘之內，就不會再去想任何議會當中的爭論。

疲憊感是人體的危險信號之一。在身體或大腦疲憊時，透過刺激的方式得到的東西往往得不償失。

爲了使我們身體健康，大自然將我們攬到了她的身後，賜予我們安詳的睡眠，並讓睡眠時間佔據了我們一生三分之一的時間。她趁我們熟睡的時候，爲我們的身體做全面檢修。她讓白天爲生活而奮力打拼的我們，讓精疲力竭、疲憊不堪的我們，讓傷痕累累和恐懼不安的我們，每晚從生活的舞臺上退場。睡眠過後，大腦中的每個細胞都會得到更新，各種器官組織所產生出來的新陳代謝，都隨著血液循環而排出體外，或者被運輸到肺部，透過呼吸排出體外。早晨起來，整個身體便會煥然一新。

睡眠充足、自然醒來的人，在新的一天面對艱苦工作時興致盎然。《聖經・詩篇》中有一個很美的句子：「如同一個要去賽跑的健壯男子般快樂」。

我們爲健康付出的成本是有規律的。我們無法在第一天夜裡多睡幾小時，代替第二天晚上的睡眠；我們也無法強迫自己的胃一天只吃一餐，因爲我們得把下一頓要吃的飯勻出來；我們更不能指望自己不分白天黑夜地工作，然後馬上就能飛黃騰達。大自然是按照一定的時間規律運行的，任何人企圖催促她、加快她的步伐，都會不可避免地招來災禍。她注視著人類所做的每一件事，人們的精神狀況、道德行爲和身體狀況，並根據每個人的優缺點來安排他們的命運。任何人都欺騙不了大自然。如果人類違背了大自然的法則，大自然或許不會在當天，就讓人類付出代價，但是，如果人們從大自然的銀行裡，過度透支腦力和體力的帳戶，她一定會收回這筆貸款。她或許會將今天我們想要的先借給我們，但是明天，她就會像夏洛克（莎士比亞劇本《威尼斯商人》中的放高利貸者）一樣，連本帶利收回我們的每一斤肉體。大自然不會原諒人類的虛弱、放縱或無知，她要求人類處於最佳狀態。

健康是每個正常人與生俱來的權利，不要用健康和虛榮的生活來做交換，虛榮的生活往往是虛無縹緲的東西，會很快化爲灰燼。一定要牢記一則伊索寓言中所講的故事，一個人爲了一碗肉湯出賣了自己的身份，後來，當他得知自己有一筆財富要繼承時，後悔的嚎啕大哭，但也無濟於事。

如果我們時刻牢記，大腦機能的完整性與效率取決於健康；良好的健康能將我們的主動性成倍提高；能大大增加我們的創造力，能產生出熱情和自發性，提高我們的判斷能力、區別能力和決策能力，我們就應該努力維持健康，因爲再沒有比體力和腦力更珍貴的東西了。

如果你躊躇滿志，想要擁有一個屬於自己的天地，最划算的做法就是無論如何也要保持身體健康。只有這樣，你的思想才會健康、充滿活力，才會發揮它最大的功效。

缺乏睡眠、缺乏戶外活動和鍛煉、缺乏有營養的食物、缺乏深交摯友、過度工作、帶著不良情緒去工作，所有這一切都是生命中的漏洞，它消耗我們的精力，奪走我們的生命儲備力量，讓我們一事無成。每一次脫離正常的生活軌道，每一次違反健康法則，在不良的生活習慣和放縱中，每浪費一點力量，每一點精神上的不協調，每一個錯誤的生活態度，每一種不好的情緒——擔憂、焦慮、恐懼、嫉妒、憎恨，所有這一切都會縮短你的潛在壽命，阻礙你取得成功。

第18章　志向——一切成就的動力

沒有遠大理想的人，永遠做不了大事，志向是一切成就的動力。一個成功者和一個碌碌無爲的人之間、一個具有人格魅力的人和一個弱者之間，最明顯的差別便是志向的不同。你靠什麼爲生，你將成爲怎樣一個人，你能有什麼樣的成就，很大程度上取決於你的理想。如果你胸無大志，那你必然也缺乏勇氣、首創精神和管理才能。

如果用連續的畫面來描繪你的理想，你可能會看到，每經歷一次消極思想，每焦急、憂愁、洩氣一次，你的理想就會跟著低下去一大截。

如果你想要在生活中獲得成功，如果你想要達到一個萬眾矚目的高度，你就要留意一下自己的志向！

要像對待無價珍寶一樣保護自己的理想，因爲你未來的一切成就，無論是在數量上還是在品質上，全都取決於它。只要你的理想堅定、有意義，你就是在做值得的事情。如果一個人理想平平，對未來很模糊，那麼，他無論是精神上還是身體上都會不斷退化，緊接著就會導致非常嚴重的後果。

如果你看到公園的長椅旁，有時會有中年或年近半百的男人，在漫無目的地閒逛，衣著寒酸、邋遢，或者有時會看到那些很顯然毫無前途和希望的男人，你別忘了，他們或許也曾擁有和你一樣的夢想，他們曾經也和你一樣在意自己的外表，並爲自己而感到驕傲。他們中的許多人，就這樣眼睜睜地看著自己的理想漸漸破滅，激情漸漸冷卻，未來漸漸模糊。這種退化是如此隱蔽、如此微妙，還沒等意識到這一點，他們就已經變成了現在的樣子。

能夠實現自己年輕時期理想的人是少之又少！你可以將你現在的職位、房子、家庭、成功，和你兒時夢想中的做一下比較，你會發現，和你想像中的自己比起來，此時的你是多麼平庸！你曾經那麼確信，自己一定會是一個大人物，一定會在這個世界上赫赫有名，你將發揮自己的各種重要才能，讓世人有目共睹，你堅信自己將會擁有一個受人尊重和信任的職位。然而，到了此刻，你卻發現自己只是一個普通人而已，就像世界上千千萬萬的普通人一樣，永遠也不會引起別人太大的關注，也不會去做任何你曾經信誓旦旦說過的大事情。

爲什麼會這樣呢？你的運氣爲何如此不佳呢？爲什麼你的生活如此令人失望？你爲什麼無法成爲自己理想中的那個活躍人物呢？爲什麼你偏偏生活在普通人的行列當中呢？爲什麼

明明感覺到自己能做大事，卻不得已做著一些微不足道的事情呢？你以前的理想都去了哪裡？你最初的夢想變成了什麼？是什麼冷卻了你以往的理想和意志？理想之火爲何會漸漸熄滅，只留下殘存的記憶？

白朗寧有一句名言：「人不進則退」。

不斷進步、不斷向前的快樂，或許是生命中最大的快樂。能夠感覺到自己沿著人生的軌跡一路成長、進步，是一種長久的滿足感，這種滿足感是其他任何事物都無法替代的。我們生來就是要進步的，我們絕不能止步不前，要不斷向前。

如果我們想要在最大程度上成就自我，就應該把「成長」當作自己的座右銘。

我的經驗告訴我，生活中的大多數失敗，都是由於沒有樹立起正確的理想。我們不願意爲更好的生活、更大的成功付出應有的代價。大多數人所走的那條最容易走的道路，會帶領我們來到某個虛無之城。

許多人似乎認爲根本沒必要付出努力，來實現自己最高的理想。他們認爲，理想這個東西生來就會自動成長，不需要培養，也不需要管理，這也難怪爲什麼這些人，很快就丟掉了自己的理想。

就這樣讓自己的理想消失不見或漸漸幻滅、讓心中的美好景象褪色或消失，是一件很容易的事情。我們應該像培養其他方面的才能一樣，培養自己的理想，不但要常常想著它，而且要實踐它，要不斷爲之奮鬥，努力做更大的事情。

對於一個有理想的人來說，最大的一個危險，就是在取得較小的成功之後，便放鬆了努力，從此不再進步。通常，我們在努力實現自己的理想時，會盡全力證明給自己和他人，我們能將事情做好。

一定要確保，不要被老套的條條框框所限制，不要貪戀舒適、悠閒的生活，如果有能力重新開闢一條更好的道路，做更重要、更大的事情，就不要被舊的習慣所羈絆，一定要擺脫原先的老路，這幾點對我們來說十分重要。

最能夠破壞理想、打擊士氣、自毀前途的事情，就是陷入舊事物的制約中。在老套事物的限制下，思想永遠無法進步，在舊事物的限制下，你會一天天消沉下去。

有無數人一直都處在舊事物的約束之下，不願意做一些努力和嘗試去突破。有成千上萬名雇員，可以在幾周之內，就大幅度提升自己的能力，但前提是他們必須下決心，突破制約著自己的舊框架，和深知自己並不適合的事物徹底決裂。許多人做的並不滿意也不開心，他們的工作枯燥無聊，但是，他們就這樣將就了一天又一天、一年又一年，並沒有努力去尋找更適合他們去做的事情。

無論走到哪裡，我們都能聽到人們大聲的哀歎，後悔自己本來能有一番作爲，卻偏偏一事無成。我常常聽到周圍有人這樣抱怨：「當時我要是能下定決心離開就好了。我要是從一開始就去做我打算做的事情就好了。」

我們常常自欺欺人地，拒絕做自己應該去做的事情。我們用各種藉口麻痹自己，我們總是在想，或許應該再積累些經驗？再積累些資金？再等更好的機會？等到經濟情況有所好轉再說？等眼下的困難過去，孩子們大一些再說？實際上，藉口是沒完沒了的，如果我們想找藉口的話，總能找一大堆出來，就像我們以天氣不好、沒有像樣子的衣服、身體不舒服爲理由，不去參加活動，待在家裡一樣。

大部分人長期生活在自我催眠的狀態下。他們總是爲自己的各種性格傾向，找尋各種的藉口，而事實上，阻礙許多人進步的，僅僅就是懶惰而已。儘管我們不願承認這一點，但事實確實如此。不願意多發揮自己的能力，不願意做額外的工作，不願意操額外的心，不願意擔負額外的責任。我們情願少擁有一些東西，因爲我們不願爲更多的東西付出代價，而我們知道，如果願意，我們能夠得到這一切。許多人的生活之所以會成爲敗筆，是因爲他們的理想仍處於蟄伏狀態，他們的深度思想還沒有被觸及。

有些人在諸多榜樣的刺激、鼓勵和敦促下方能激發志向，他們才能認識到，自己同樣也具有無限的潛力和進步的可能性。有時候我覺得，這世上最偉大、貢獻最大的人，其實是那些幫我們找到自我的人，那些給我們勇氣，讓我們努力去做自己渴望已久、並且有能力去做的事情的人。愛默生曾說過，我們每個人都迫切需要有一個人，激勵我們去做自己能做的事情。如今，能夠讓我們努力去做自己力所能及之事的人、能讓我們勇於面對困難的人，才是對社會最有用的人。

如果說志向是生活中成功的主導力量，那熱情便包圍著理想，和它形影不離。沒有了理想和熱情，就算是最具吸引力的人，也會變得蒼白無力。理想和熱情猶如一對孿生子，手牽著手同時點亮我們的思想。

年輕的朋友啊，你才剛剛踏上事業的坦途，為了獲得一個能夠激勵理想的環境，為了有人能夠不斷刺激你的熱情和理想，每天督促你做的更好，你需要做出適當的犧牲。你要緊緊跟隨著那些成功的人，尤其是在你所處的行業中獲得成功的人。成功就如同一股潮流，只要你投入其中，緊緊跟隨著那些一心想要有所作為的人、一心想要成名的人、擁有崇高理想和遠大目標的人，你就會汲取到一切成功需要具備的東西。

你會感受到你所處的環境中的主導精神。「近朱者赤，近墨者黑」是一句古老的諺語，和志向遠大的人生活在一起，生活在催人奮進的環境當中，和那些勇往直前的人在一起，你自己的志向也會得到提升。你將會受到鼓勵、受到刺激，會躍躍欲試，你成功的可能性也就更大一些。

在早期的職業生涯中，你要將自己放在一個適當的位置上，喚醒自己最強有力的一面，而不是最薄弱的一面，這可是件大事。如果你認爲自己有可能做出最了不起的事情，並且有這個志向去做到最好，而不是只達到中等或二流水平；如果你得到一個能讓自己發揮最大潛能的職位，那你的工作將會帶來很大的影響。找到適合自己的位置的重要性，就相當於爲一顆優質橡果，選擇一個理想的種植地點，好讓它有條件長成最高大、最挺拔的橡樹。一棵橡樹最終會長成什麼樣，除了取決於那一顆橡果之外，還受土壤的品質、化學成分、氣候和天氣的影響。如果橡樹得不到充分的陽光照射，如果它被種在一個背陰地裡，如果土壤不適合它生長，如果氣候也不適合，那麼，再完美的一顆橡果，也只能長成一株低矮的植物，還沒等長到應有的一半高度，就停止了生長。對於一顆優質的橡果而言，需要在適宜的土壤、氣候條件下生長，並用科學的方法來培育，方能成爲參天大樹，人類也一樣。有成千上萬的人能夠步入成功的軌道，正是因爲受到了其他志向遠大之人的感染，是因爲他們所接觸到的人、所做的事情都強於自己所接觸到的人、所做的事情。

任何教導我們反問自己「我爲何做不到」的人，都是我們的朋友。我們可以去閱讀他人的成功故事，還有那些戰勝自身不利條件，在看似完全沒有可能的情況下，頑強拼搏獲得成功的人的故事；我們可以和生活充實、精力充沛的人交往，或生活在能激勵理想的環境之下，因爲任何能夠觸及靈魂深處，能夠給我們理想並讓我們充滿鬥志、下決心有所作爲的人，都是我們的朋友。

愛默生曾經說過：「我還從來沒有聽說過，有哪個人不需要下決心，就能獲得任何形式的活力和做事情的動力。」那是當然了，因爲這種奮鬥的精神具有感染力，每個人，無一例外會受到能激發我們理想的人或事物的影響。我們都很容易受到鼓舞，每當我們看到那些具有英雄氣概或成就斐然的人，或聽到他們的事蹟後，我們都會痛下決心，一定要向他們學習；每當我們讀到一些講述人們獲得巨大成功的故事時，心中總會有一個聲音對自己說：「我也能做到，至少我能做的比現在好。」但是更多的時候，當那股熱情的勁頭退卻之後，我們又恢復到原來意志不夠堅定的狀態中，當我們所在的環境無法激勵我們展現出最好的狀態時，尤爲如此。

對於許多重要的行業來講，成功的全部秘密在於有一個好的開端。你要朝著正確的方向發展，一直向著自己渴望已久的目標前進，要有勇氣跨出第一步，有勇氣讓自己不斷獻身於確定的任務中去，要有勇氣背水一戰。

大多數人的問題是，他們並沒有認眞對待自己的事業，他們自然也就不會有什麼大的成功。在競爭激烈的今天，一個人要想勝出，要想做出些與眾不同的事情，要想超越常人，必須全力以赴，必須帶著全部的熱情，投入到自己的任務當中去。一個人要想在任何大的方面勝出，這就是唯一的選擇。你必須肯冒風險，能夠抓住機遇，肯付出代價，願意爲自己的事業付出一切，不論從事的事情多麼平凡，你都必須將它視爲自己的事業。你必須成爲自己行業的藝術大師，而非只是一個工匠，工匠只能糊口，大師則意味著名譽和財富。

可是，我的朋友，你必須確保你心目中的理想不是自私的、巧取豪奪的、貪婪的理想。如果你對賺錢有無盡的熱情，那你恐怕就要思考一下，背後支持這種熱情的動機究竟是什麼。你或許會吃驚地發現，一直以來被你稱作理想的東西，竟然有很大的自私成分在內。當你的計畫和「人類應生活的更幸福」的理念相衝突時，你就會發現，你已經走上了歧途。

那些拼命地、努力地、想盡一切辦法獲得財富的人漸漸發現，他們理想最初的動機，正在發生質的改變，許多在事業上成功的人，早已變了，不再是當初那個年輕人。當初那個年輕人的思想境界是多麼高尚，目的是多麼純潔，他決定有錢之後，要用自己的金錢來幫助貧窮的人。但是，金錢的力量已經麻醉了金錢的主人，令他當初的理想發生了根本的改變。

許多人似乎都認爲，所謂的志向、欲望、進取心純屬個人問題，並不一定每個人都要有一個遠大的理想。他們似乎認為，這純粹只是一個認為自己付出代價、努力值得與否的問題。有的人希望生活的輕鬆一些，寧願少工作一些，而有的人則願意去賺得一個舒適的生活。理想這件事情和別人無關。人們似乎認為，催促他們前進的志向，是由個人性格所決定的。但是，這種發自內在的、讓你有所建樹的推進力，正是一個適應於每個人的原則。如果你能用符合道德的方式，完善自己內在的催促力量，它必然會推動整個世界前進，這對於全人類來講未嘗不是一件幸事，但如果你反過來將它用在自私自利的野心上，那對於這個世界來講，恐怕就是一件不幸的事情了。

你所做的每一件事、所採取的每一個步驟、經手的每一筆交易，都為你的下一步打下了基礎，否則，你很難有任何正確的進步。你的座右銘應當是：永不止步。一個人只有在思想上覺悟了，才會有為之奮鬥的理想，所以，思想上的醒悟更為重要。喚起你正直誠實的氣概，發揮你的真實價值，這才是真正意義上的覺醒。如果你真的覺悟了，你的事業會蒸蒸日上，你會發達昌盛。但僅僅有出人頭地志向的人，未必是真正覺悟的人。

第19章　自立與自助

一個農場主的兒子準備離開家，去城市裡闖蕩。臨行前，父親囑咐他說：「約翰，你隨時都可以回家來。」

其實，父親只不過是想要幫助兒子取得成功，但是，這種隨時歡迎他回來的建議，卻很容易讓兒子放棄追求、失去勇氣。當朱利斯・凱撒登上英格蘭海岸時，他燒毀了所有運輸士兵的船隻。因爲他深知，如果他切斷了所有撤退的希望，士兵就會竭力而戰，因爲他們是在爲自己的生命而戰。如果一個年輕人打算出去闖世界，尋找自己的財富，他就應該斷了自己的一切後路。當事情變的艱難，當一個人看不到前進的道路時，如果此刻還有退路的話，後退的欲望幾乎是無可阻擋的。當一個男孩子第一次離開家、獨自去上學時，如果他知道想家的時候父母允許他回家，而且歡迎他回家，在家裡想住多久都可以，那麼，這無疑害了他。

多數失敗者失敗的一個主要原因，就是他們沒有將事情堅持到底，因爲他們並沒有切斷自己身後的退路，心中還想著後撤的可能性。當事情不順利時、當前路一片黑暗時，他們很容易就會走回頭路。這是人類的天性使然。

生活中最糟糕的決定，便是在遇到挫折之時、想家的時候、失去勇氣和信心的時候選擇放棄，這樣的決定，會讓本應屬於自己的成功攔腰截斷，讓一個原本可以成爲行業佼佼者的人，變成泛泛之輩。只有咬緊牙關，不論艱難還是容易、不論能否看的見前方的目標，都下是決心前進的人，才是最終勝利的人。

學會依靠自己，學會尋找自己內在的力量，而不是外部的力量，便找到了成功和幸福的秘密。如果不能自立，我們便會任人宰割，或者任由機會、環境以及其他打算利用我們的人，來操控我們的命運。但自立的人，總能將命運牢牢掌握在自己手中，他們能夠壓倒一切不利因素，他們是命運的主人。

生活中一切取得眞正成功和歷史上取得巨大成就的人，都是深深紮根於自立土壤中的人、都是依靠自己的人，只有自立，才能成就眞正的男子氣概和女性美德。

嬌慣與放縱，永遠無法培養出良好的個人品質，優秀的個人品質，則是在朝著偉大生活目標前進的過程中，點點滴滴積累起來的。

培養一個人自立的品質，應當從小做起，許多母親卻反其道而行之。她們溺愛孩子，每件事情都包辦，生怕他們受一丁點磕碰，這樣做，往往扼殺了孩子的自立性。每當孩子摔倒時，她們總是匆忙跑到孩子面前，給自己的心肝寶貝說好聽的話，安撫他們，直到他們不哭了爲止，這樣做會培養孩子自我憐憫的傾向。她們不但沒有將小傷痛輕描淡寫，從而培養孩子勇敢的性格，反而誇大了傷痛，到最後，孩子漸漸養成了自我憐憫的習慣，遇到一點點小困難，就會跑到別人面前訴苦或求助。

事實證明，慈母多敗兒，過分愛護孩子的家長，反而會成爲孩子最大的敵人。我認識這麼一位母親，她的女兒若是從小教育的好，很可能會有美好的個性，可她卻慣壞了自己的女兒，讓女兒變得任性而嬌縱。女兒還是個孩子的時候，如果不願意做自己應該做的事情，就會跑到媽媽那裡尋求安慰，而且每次都能成功。上學時，她什麼時候想回家就回家，因爲她知道，媽媽會爲她找各種藉口。事實上，她的媽媽嬌慣、溺愛她，什麼事情都依著她。結果便是，她沒有形成任何屬於自己的個性，也沒有任何自己生活的能力。這樣的她，就算是在專門的家教連續輔導幾個月後，仍然很難通過大學入學考試。後來勉強上了大學後，她的成績也遠遠落後於同學，每次考試都不及格。

正因爲她有這樣一個媽媽，不但沒有培養她自立的能力，反而盡一切努力替她解除困難，最終導致她成爲生活中的失敗者，導致她只能成爲一個寄生蟲。

男孩或女孩一生中遭遇的最大不幸，就是被剝奪了發展自立能力的機會。一個從小被寵壞的孩子，從小到大都沒有機會，爲自己或別人做任何事情，這樣的孩子，永遠也不會長成一個強大、有生命力、自立能力強的人。

我常常和那些想要有所作爲的年輕人談論未來，他們都很有志向，都希望自己能有一定的成就，但是他們卻感覺沒有人幫助他們，讓他們能夠有接受學習鍛煉的機會，他們沒有影響力，也沒有任何人能夠拉他們一把，讓他們得到一個好的職位，或在生活中給他們一個較高的起點。

最能夠讓年輕人感到心灰意冷的想法之一是，他們認爲自己的成功取決於其他人。一隻手錶從直觀上看，也許看的出機芯的動力，但是如果你體驗過成功的話，你就會明白，讓你獲得成功的主要動力，恰恰蘊藏在你的身體內部，而不是藉助他人的影響力或他人的提攜，也不在於什麼非同尋常的機遇。歷史上有許多實例早已證明，成功並不一定屬於那些有超常優勢的、富有的、從小家庭條件優越的、受教育程度更高的年輕人。通常來講，那些優秀模範市民不論是男性還是女性，往往都是出身貧寒的年輕人。他們是偉大的發現者和發明者、商人、工程師、專業人員、藝術家和音樂家。事實上，世界上成就最大的人，幾乎全部都是白手起家的人。

我們總能聽到周圍的年輕人，在抱怨環境阻撓了他們的發展，他們無力改變周圍的環境。但是心有怨氣的朋友們，讓我來告訴你們，或許你們連自己一半的力氣都還未曾使出呢。如果你忠實於自己，那麼你就必須承認，在你的周圍，總有人能夠出色地，戰勝你所無法戰勝的困難，總有人能成功地，在你所謂的限制發展的環境裡勝出。

今天，無數學生憑藉著自信和堅定的意志，成功考入了大學，若非不懈的努力，他們或許永遠也無緣於高等教育。他們中有許多人來自農村，來自偏遠地區，或來自車間、工廠。他們不僅貧窮，而且肩負著養家活口的責任。然而，儘管他們面臨著種種不便與障礙，但他們堅信，總有一天，不管採取何種方式、以何種形式，一定能進入大學，他們做到了。當有人嘲笑他們做白日夢，或者告訴他們這一切根本不可能時，他們並不介意，他們決意要達成自己的目標。如果當初有任何「好心」的朋友，站出來幫了他們一把，他們就不會是今天的他們，世界也會因此而受到影響。

一直以來，我都發現，那些等待理想情形、等待幫助、等待提攜、等待依靠他人的影響力、等待資金的年輕人，其實都是性格軟弱的人。

不要用愚蠢的藉口來做自己的擋箭牌，比方說，你沒有機會、沒有人拉你一把、沒有人提攜你、沒有誰的影響力可利用，也沒有任何人在資金方面幫助你或給你指一條明路。你要依靠自己，你要自己幫助自己，因爲能夠將你「拉」到頂峰的力量，就在你內心深處。

我認識許許多多的年輕人，有男有女，他們都是依靠自己的人。他們身上充滿熱情，努力朝著生活目標前進，抱定決心要實現它，所以，要想讓他們放棄自己的目標和信念，簡直比破壞地心引力法則還難。

只有一件事情能夠阻礙你進步，那就是缺乏自信或懶惰。對於一個雄心勃勃的人來講，機會無處不在，絕對要比那些今天已經成功的人當初的機會多。

如果說身爲奴隸的貧苦男孩弗雷德．道格拉斯，能夠從一張張碎紙片當中、從貼在農場種植園圍欄上的海報中，學到二十六個字母和簡單的單詞，如果他能夠突破套在自己精神上和身體上的枷鎖，最後成功地成爲美國駐海地的外交官，成爲自己種族的領導者，如果說這個男孩在身爲奴隸的那些日子裡，在禁止人們教奴隸讀書認字的環境下，在沒有任何人幫助提攜的情況下，依然能夠獲得成功，那麼，你當然也可以設法實現你的目標。

不要總想著，別人的影響力、提攜以及運氣和機會，在你的事業中起著相當大的作用，這只是一種錯覺。這種想法越早離開你的腦子，你就會越早得到提升，生活的更好。如果你自己不幫助自己，你永遠都將原地踏步。生活中，不論你想要獲得什麼樣的成功，成功都不會主動找到你，你要去找它。你要帶著自己全部的精力和熱情去尋求它，要讓所有人都看到，你在努力追求成功，想要獲得成功。如果你是一個有骨氣的人，如果你眞的下決心要勝出，你就會自己闖出一條通向目標的道路。沒有人能夠阻止你，因爲成功的路上沒有走投無路的人。一個意志堅強、充滿鬥志、信念堅定的人，根本就不知失敗爲何物。只有弱者才會在失敗後，埋怨周圍的環境，失敗者總是被各種藉口所包圍，失敗者的道路，總是被無數不可征服的困難封鎖。

年輕人通常持有的另一種錯誤想法是，爲事業做鋪墊的事情還在未來，他們眼下所做的事情只不過是暫時的，是在打發時間，遲早會有更大的機會來到自己身邊。他們並沒有意識到，他們只不過是在做每個年輕人起步時都應該做的事情，年輕人只有在進入到一個自己願意久留的行業時，才眞正開始爲未來做計畫。通常，一個人在年輕時所做出的重大決定，往往是影響終身的決定，或許在二十一歲之前，一般的年輕人就已經爲自己未來的生活以及職業做好了規劃。就這一點而言，可以說是眞正意義上的「自古英雄出少年」，因爲一個人的一生，幾乎都是在履行實踐他剛入行時，爲自己制訂的計畫。

這也正是從小訓練孩子學會自立、自己做自己的事情、學會獨立思考、有自己的觀點、相信自己的判斷、自己做決定的意義所在，因爲一個人年輕時候所做出的每一個決定，都具有深遠的影響，會影響一生。

我曾經讀過一個著名運動員的故事，在他很小的時候，就開始訓練舉起一頭小牛犢。他每天都堅持訓練，一直持續到這頭牛犢長成一頭強壯的公牛。牛犢的體重每天都在增加，這個運動員的肌肉和力量也在逐漸增加。同樣的道理，一個白手起家的商人最初也是身無分文，也在做著一些微不足道的事情，他或許打掃過倉庫，或許爲鎮上的商店老闆做過各種雜活，後來才逐漸開始有了自己的事業。然後，他每一天都會讓自己的生意有一點進步，像滾雪球一樣越來越大。這就好比那個每天舉起牛犢，到最後終於有能力扛起一頭健壯公牛的運動員。

換句話說，成功的秘密，就蘊藏在一個自立的、事事靠自己的年輕人，每天的日常工作當中，蘊藏在他具有獨創精神的經商方式當中，蘊藏在沒有任何手段、人際關係的幫助下，獨自闖出來的道路中，一些偉大的商業人士都是很好的典範。

一般富人的兒子都沒能像他們的父親那樣，將企業經營的井井有條，缺乏訓練是最主要的原因。他們從小沒有經受過舉起牛犢的訓練，突然之間讓他們扛起一頭壯牛是根本不可能的。而他們的父親卻是那個從小練習舉重的人。

愛默生常說，如果你不付出努力，大自然絕不會將任何東西白送給你，也就是說大自然是不會讓你不勞而獲的。我們所生產創造的一切，均來源於我們的內在價值，來源於我們的生活。如果父母或其他人代替我們做本應由我們自己來做的事情，這種幫助是錯誤的幫助，根本起不到應有的作用。實際上，這種幫助雖然出於好意，卻適得其反。外援、幫助、扶持只不過是打擊我們發展獨創性、自立、自助精神的手段而已。任何類似的事情都是禍根，不論其初衷多麼美好。

那些完全依靠自己的力量，一手締造了自己財富王國的人，在做了父親後，將巨額財產傳給不勞而獲的兒子，但他們這樣做反而害了孩子，能夠意識到這一點的寥寥無幾。苦心建立、經營自己企業的過程，造就了頑強、才思敏捷、自強不息的父親，但是如果讓兒子直接擁有這一切，只能導致他一事無成，擁有這一切，永遠無法培養他的自立能力和獨立能力，也不會培養他的首創精神、耐力、勇氣和毅力，無論從哪方面來講，不但無益於他，反而害了他。他其實是一個極爲聰明的孩子，如果沒有父親的財富，或許早已呼喚出了固有的內在自我，成了一個了不起的人。因爲財富除了能讓人喪失鬥志外，還能將上千種誘惑帶給他，只有意志堅定、心態平和的人，才能抵制得了這些誘惑。

要造就一個眞正的人，要發掘一個人最大的可能性，要激發一個人無窮的才思、創意和傑出的能力，只有一種方式，那便是爲了讓自己有一個屬於自己的天地而不斷奮鬥。除了這種途徑，再沒有第二種方式可以成就一個眞正成功的人。

我們能夠給予孩子的最寶貴的一筆財富，便是從小訓練他們，培養他們的各種實踐能力，讓他們成為思維靈活、自立自強的人。自身素質是一筆無形的財富，擁有它的人比克羅薩斯國王更富裕（克羅薩斯是西元前六世紀，小亞細亞呂底亞國極富有的國王）。剝奪了孩子們受到鍛煉的機會，將導致他們成為生活中的弱者、命運面前的乞丐，只能隨波逐流，將一切希望留給偶然的機會。縱然用再多的金錢，也無法彌補因缺乏男子氣概和女子美德所遭受的損失。任何人都有可能遭遇失敗，但良好的教育和自強不息的精神是最有力的保障。在生命這場漫長的賽跑中，年輕人只有認識到能否到達終點只取決於自己、只能依靠自己，才能獲得一個良好的起點。不要等待著有人來扶你一把，或推著你前進，如果你不想一事無成，就趕快放棄這種想法。

如果所有的年輕人，從小就受到教育，懂得做命運的主宰者；如果我們的中學和大學，更注重一些這方面的教育，讓孩子們知道，他們獲得成功的資本不在其他地方，就在自己身上，他們將來在社會上的地位、個人的成就，不論是男性還是女性，全部取決於自己，那我們就不會再看到每年畢業典禮過後，上千名畢業生拿到文憑後，就等在那裡，等待資金、等待有人幫他們一把，給他們一個好的開始。

「據我所見，只有脫離外部幫助、獨自承擔一切的人，才是強大的、受歡迎的人。」愛默生這句關於自立的名言一語中的，道出了獲得成就的關鍵所在。要尋求來自你內心的支持，遇到困難時，要向你內在的那個強大的自我去尋求幫助，只有這樣，你才永遠不會感到失望，永遠不會遭到失敗。我親愛的朋友，在你看來阻礙前進的障礙，或許恰恰能幫助你獲得成功。如果你有信心和勇氣跨越它，並且利用它，你會發現，它其實是一筆財富，而不是障礙。

對於一個依靠自己的力量、依靠內心強大精神支柱的人來講，沒有跨越不了的障礙。壓力、貧窮、身體缺陷以及各種限制，只能讓一顆決定克服困難的心更加堅定。

愛默生告訴我們：「相信自己，你會奏響生命的最強音。」只有自強自立的人，才是最後的勝利者。

第20章　意志的力量

堅強、意志堅定的年輕人，總能讓世人為之側目，並為他讓出一條道路來。

成功人士最了不起的地方，就是他們能夠擊敗挫折、跨越障礙、克服困難和壓力，而弱者卻只能被這一切壓倒。

「擊敗挫折」——就讓這句話成為對你的警示吧。世界上最強大的勝利者，他們的字典裡根本就沒有「挫折」二字，因為他們克服了別人所無法克服的困難。如果你無法跨越試圖阻撓你的重重障礙，如果你無法戰勝橫在你面前的種種困難，你將永遠做不成大事情。

我和一位朋友談起他的生意，戰爭的影響幾乎將他的生意毀於一旦，令他損失慘重，但是他對待逆境的態度卻令我肅然起敬。他說，除了「挫敗」之外，他幾乎失去了一切，但他的決心和意志力，絕不允許任何突如其來的事件或災難，將自己的生活變成敗筆，擁有這種精神的人，永遠不會被困難打倒。

如果一個人留給他人的印象是意志力強、堅定頑強、不知失敗爲何物，那麼，這一點必將成爲他取得成功的重要因素。據盟軍的將領們說，「失敗」二字對於格蘭特將軍而言，沒有任何意義，因爲他從來不去想自己何時會被擊敗。

維克托．雨果說過：「人們並不缺乏力量，而是缺乏意志力。」

許多人意志力不強，是因爲他們不願發揮自己的意志力，他們並沒有充分利用意志力，讓自己變得強壯而有活力。意志力是一種逐漸培養和累積的力量，是一種受主觀能動性影響很大的力量。只靠外界的培養和訓練是無法成就大事的。意志力就像人類的其他精神官能一樣，是能夠得到培養和開發的，他就像一個人的音樂才能或其他才能一樣，在尚未得到系統、科學的訓練之前，永遠處於休眠狀態。

要想讓意志力發揮出最大的作用，就必須讓它一直處於強勢狀態中，而且這種努力不應間斷。意志力應該是長久有效的，而不是忽冷忽熱的，更不能是被動的。它應該是主動的，像一條哈巴狗一樣，一旦咬住就不鬆口。

全心全意地相信，你能完成也願意去完成自己的使命，相信你一定能做自己最喜歡做的事情。這種信念具有一種巨大的建設性力量。你要有一種自己是爲這個特別目的而生的意識，這種意識會帶給你一種強大的信心，會用一種堅定不移的力量去鼓勵你。另外，每當你沉浸在失望當中，總想著自己或許會失敗，自己不可能在生活中勝出，自己的生活一團糟，那麼，你所想像的一切就會成爲現實。常常想到自己的卑微渺小，永遠達不到任何成就，你就會爲自己的生活設定一個模式，我們往往會朝著自己設定好的那個模式一直走下去，去實現計畫好的人生和未來。

一個在精神上永遠打不垮的人，一個不論遭遇多少次失敗、環境多麼不利都一心向前的人，是永遠懷有希望的人。

生活中，一切成功的道理，都蘊涵在堅定持久的意志力，以及對自身能力、對全身心投入的事業不斷的肯定當中。它意味著我們要堅定不移地，朝著自己的目標前進，雖然有各種享樂誘惑著我們，有各種失敗和災難威脅著我們，但我們既不能偏左，也不能偏右。任何事物都不能阻擋堅定的決心，和不達目的不甘休的精神。

不論你從事什麼工作，堅強的意志和一定要成功的決心，都會將你帶到上游地帶，不論水流多麼湍急，不論前方有什麼障礙正等著你。但是如果你的意志力不夠強，你的決心不夠堅定，如果你一遇到困難和挫折就失去了勇氣，那你就會像一條死魚一樣，和其他千千萬萬沒有足夠力量和意志力逆流而上的人，一起被激流沖向下游。

你說渴望讓生命有價值，你有志向讓自己獲得成功，那你爲什麼不去實踐呢？爲什麼還在等待呢？是什麼無法讓你前進？是誰在拖你的後腿？你要回答這幾個問題，並找到原因。原因只有一個——你自己。除了你自己，什麼都無法阻撓你。機會無處不在，你現在擁有的機會，要比那些已經實現了生命價值的人曾經擁有的機會更多。

我認識許多青年男女，他們充滿熱情，一心一意要奔向自己生活的目標，下定決心要實現目標，事實上，阻擋他們向著目標前進的難度，不亞於掙脫地心引力的難度。有成千上萬由於傷病、從第一次世界大戰戰場上退下來的老兵，他們不顧身體上的殘疾與不便，勇敢和生活中的困難做鬥爭，他們表現出的勇氣，就如同在那場爲人類自由而戰的戰爭中一樣強大，他們是戰場上和生活中的英雄。那麼，身體健全的你，有什麼理由做不到呢？

不要用愚蠢的藉口爲自己做盾牌，諸如沒有機會、沒有人幫助、沒有人提攜、沒有人拉你一把、沒有人給你經濟上的支援、沒有人給你指明一條道路。如果你是個眞正有想法、有能力的人，那麼就算你找不到機會，你也會自己製造機會。如果你想要成功，誰都無法阻擋。拍賣會上的價格總是不停上漲，最後得到的，總是出價最高的人，同樣的道理，你要讓自己忙碌起來，盡最大努力去工作，你會得到你想要的。有志者事竟成，一個志向遠大、意志堅定的人是不會抱怨的。只有弱者才會抱怨周圍的環境，才會爲自己的失敗找藉口，才會認爲自己的道路上充滿「無法跨越的障礙」。但是對於一個驍勇善戰的人來講，任何障礙都是可以逾越的，所有的不便、壓力、反對、嘲笑以及貧窮，只能讓一顆克服困難的心更加堅定。

你將會發現，凡是能爲這個世界做出貢獻的，都是充滿熱情的人，他們能讓大家感覺到他們的那份渴望，這種人的個性中有強烈、積極主動的一面，他們的個性特徵，是帶著極大的熱情，去實現自己的理想和目標。

做事認眞的人，總能留給人們一個好印象，每個人都會不由自主地，對認眞幹練的靈魂肅然起敬。

做事一絲不苟的人，他們的生命具有神奇的魔力，有一種難以解釋的力量。我認識一個男孩，他決心要自己做出一些事情來，於是他就像富蘭克林那樣，在工作過的商店、工廠裡，調動了自己生命中的全部力量去認眞工作，他甚至改變了村裡所有人對他的看法。他的這種決心和意志一定會讓他成功，會讓他成爲一個赫赫有名的人物，會讓他爲這個世界做出一定的貢獻，他的熱忱會令那些冷漠懶散的人，爲自己的麻木而感到羞愧。在他的口袋裡時常揣著一本書，他生怕讓片刻的空餘時間溜走，他白天工作熱情而認眞，晚上去讀夜校，在家裡自學。他的這些行爲，鼓舞和激勵著周圍的每一個人。

每當我看到那些認眞嚴謹、努力發揮自己最大能力、利用一切時間和機會、在各方面盡可能提升自己、將每件事情都做到最好的年輕人，我就知道，成功一定就在前方等著他們，因爲認眞嚴謹的人身上，少有導致失敗的品質。從道德品質的角度來講，嚴謹認眞是通往勝利必不可少的條件。

如果你認眞且誠實，那麼，你不需要資本也可以成就大事。你的認眞精神具有一種感染力，它將爲你樹立良好的信譽，爲你吸引客戶。如果你做事認眞、一絲不苟，你將會避開許多陷阱和不好的朋友，而許多生活中沒有目標的年輕人，恰恰毀在了這些方面。那些整日裡遊手好閒的人，與做事認眞的年輕人無緣。

對於一個年輕人來講，有了做事認眞的聲譽，就相當於獲得了成功的資本。我們都知道，生活沒有目標、沒有動機的人，絕不會是一個認眞的人，他的目標或許是擁有一個屬於自己的家，或許是在這個世界上有自己的一席之地，但不管怎樣，人總是要有一個動機的，而且通常是要「有價值」的動機。

「尋求」、「拼搏」、「發現」、「永不放棄」，這幾個簡單的詞，就刻在斯科特船長和他勇敢的探險隊員們墓前的十字架上，他們已長眠於南極。沒有任何困難和障礙，能夠讓這位勇敢的探險者，放棄自己崇高遠大的目標，他深知，自己和隊員們都在冒著生命的危險，但這又有什麼關係呢？在他沒有實現自己所追求的目標前，絕不會輕易放棄。這種大無畏的精神，對於那些缺乏勇氣、毅力和決心的人來說，是多麼好的激勵啊。一個是難以下定決心去做某件事情，而另一個是帶著十二分的決心和堅定的意志，從不考慮失敗，勇敢去做某件事情，這兩者有著天壤之別，後者便是人們常說的勝利精神。許多人正是因爲缺乏這種精神才導致了失敗，他們搖擺不定，或者說他們的決心只是一種欲望，而不是嚴肅認眞的決定，只是不想付出任何代價就希望勝利的美好願望而已。

眞正能帶給人成功的決定，既不是突發奇想的，也不是偶爾冒出來的，它是安靜而持久的，在很大程度上，它由對所做的事情持久不變的信心，以及做這件事情的人的能力所組成。

在社會上有一個成功人士群體，在這個群體中，有無數人帶著不顧一切的熱情與渴望，奮戰在各條戰線上，有無數人拼命想要成爲傑出優秀的人。如果你希望成爲這個群體的一員，獲得同樣的成功，那僅僅具備寬容忍耐的品質，單單有「我會努力」和「我希望獲勝」的想法，還是遠遠不夠的。

不久前，一位年輕人在寫給我的一封信中說，他似乎缺乏創業的能力和勇氣。他想知道「怎樣才能有所作爲」。我可以告訴這位年輕人及其他所有抱有類似疑問的人：要想做出些事情來，辦法只有一個。世界上有許許多多出身寒微的年輕人，正是憑藉著這種方法成就了自己的事業，成為舉足輕重的人物。這種方法就是咬緊牙關告訴自己：「我有能力做自己想做的事情，我能成為我想要成為的人！」然後行動起來，朝著理想的方向勇往直前。這便是湯瑪斯·A·愛迪生、約翰·沃納梅克、詹姆斯·J·希爾、馬歇爾·菲爾德，以及千千萬萬創造了奇蹟的美國人所遵循的方法。

我一直以來都十分相信，堅定的信念是一種具有建設性的力量；堅持去做自己決定了的事情，就會有無限的可能性；強化自己的弱項有助於塑造個性，會讓生命更加高尚。

我們必須牢記一個事實，那就是我們所說的每一句話、我們所表達的每一種思想，都具有一種或善或惡的力量。堅持不斷地對自己獲得成就的能力給予肯定，對不惜一切代價、要在生活中勝出的決心給予肯定，堅持認為自己有能力、做好全身心投入的事情，並對這一信念給予肯定，這種肯定最能夠令軟弱的意志變得堅強，令搖擺不定的決心堅如磐石。

如果你熱血沸騰，如果你是一個有骨氣的人，如果你的心中渴望實現偉大而崇高的理想目標，那麼你一定會勝出。對於一個堅定的靈魂來說，障礙根本算不了什麼，信念堅定、意志堅強的人將會掃清一切障礙。

意志堅定、不懼怕失敗和困難的人，總能讓這個世界給他讓出一條道路來。

那麼，為什麼有這麼多人失敗了呢？原因之一就是他們在事業上，連一半的力量都沒有投入。他們不敢下定決心，將自己毫不保留地，投入到一個堅定不移的目標當中去。他們總希望給自己留一條後路，如此一來，萬一前方的道路沉悶艱難，或事情進展到令他無法忍受的地步時，他便可以有一個放棄的藉口。

除非你意志堅定、勇往直前、永不言敗，否則無論在哪個方面，你都無法獲得驕人的成果，你最終也只能停留在平凡人的行列中。

當年，莫爾比灣戰役中的法拉格特，爲了表示自己與艦隊生死與共的決心，在通過佈滿魚雷的海域時，竟然將自己捆在桅桿的索具之上，並因此而被載入史冊。

我們只能用一種方式來直面未來，那便是將自己定位在一個堅定而高遠的目標之上，一個不容更改的決定之上。否則，在我們意志最爲薄弱的時刻，很可能會因戰勝不了誘惑，而偏離自己的軌道，或者走上回頭路。

在這個世界上，前途最爲美好的，莫過於那些時刻不忘生活目標、下決心一定要勝出的年輕人，任何事情都無法打擊他們的勇氣，都無法阻擋他們前進，或誘使他們向後退。這樣的年輕人在疾病、失望、失敗、朋友的出賣、親人的批評和責罵面前，均不爲所動，因爲他的偉大生活目標，早已經融入身體的每一個細胞中，所以他不能放棄，除了死亡，任何事情都無法讓他放棄或後退。

不知你是否已經意識到，能夠擊敗你的事物，其實就在你的內心深處，只是不知你是否能控制的了它。任何外界影響，都無法破壞你最高境界的成功，這種最高境界的成功，其實就是你的個性、氣概、人格方面的成功。一些來自外界的事情，可能會暫時讓你生活中的次要方面受到影響，但是與你生命中要去完成的更大的事情相比，這些事情是微不足道的。歷史上的一些偉大人物，有人就在自己一貧如洗的家中離開人世，有人被捆綁在刑罰柱上焚燒而亡，也有的死於饑餓。他們的肉體雖然消失了，但他們的精神和品格永存，任何事物都無法戰勝精神的力量。任何事物都無法阻擋你，向著更大、更遠的成功前進，因為更大的成功，是獨立於舒適、充裕的物質生活的，任何物質上的貧乏，都無法影響一個人更大的生活目標和更大的成功。

所以，不要被表面上的失敗所矇騙，眞正的失敗只有一種可能性，那就是自己承認自己失敗了，你不去盡力一試，所以你承認自己失敗了；你不去最大限度地發揮自己的生命力量，所以你自認失敗了。自己承認自己失敗，才是最可怕的失敗，你最大的敵人就是對自己缺乏信心。除非你自願放棄再試一次的機會，放棄繼續成長的機會，放棄繼續前進的機會，否則無論前景多麼黑暗、無論困難多麼巨大，任何事物都無法將你打垮。如果你想要最終獲勝，就要不斷嘗試、不斷前進，永不放棄、永不認輸。相信自己，你可以做到！

拿破崙曾說過：「衛道之士的精神就是永不投降，寧死不屈。」所以，唯一能夠打敗你的，只有主動投降。各行各業可能都存在不景氣、困難和時艱，但是，一顆堅強、堅定的心卻從未膽怯過，前進的步伐也從未停止，而膽小、軟弱的人動輒就敗下陣來。事情處於困難階段的時刻，前方看不到希望的時刻，也正是一個人性格中膽小懦弱的一面、最容易顯現出來的時刻。但眞正的勝利者是絕不允許自己軟弱的，不論是內心的軟弱還是外表的軟弱。堅強的人不論走到哪裡，表情和舉止中都透著不可戰勝的氣勢，從他們的個性中，我們就能感覺到他們堅不可摧的意志。

你常常大聲抱怨：「要是事情能發生一些改變就好了！」你所說的改變又是什麼呢？願望還是緊迫感？夢想還是實際工作？你就成天坐在那裡，事情就會發生改變了嗎？你坐在地基上去想像，房子什麼時候才能建造起來呢？如果沒有堅定的決心和不懈的努力做後盾，希望就沒有任何意義。

意志力正是這樣一種精神力量，它能夠讓我們在一片荊棘叢中，開闢一條前進的道路，正是這種精神力量，成就了林肯、卡耐基等偉人。

好鋼要用在刀刃上，將你的堅定和意志力和健康、機會、地利、人和、資金結合起來；將你的意志力用在廣泛學習上，改善自己意志薄弱的方面，這便是無數人成功的最大秘訣。

只有在困難面前，人的能力和最大的潛力才能充分顯現出來。

數年前，一位意志堅定、多年來堅持不懈的英國貴族，終於實現了自己的夙願，進入了議會，成了一位大權在握的政客。有無數名垂青史的人，都將自己堅持不懈的意志力，用在了政壇和教育界，他們不斷充實自己，提高自己的影響力。正是有了這種精神，他們才能夠克服貧窮，頂著各種各樣的壓力，一步一步向前走。

有多少平凡、普通的女孩，下決心提高自己的個人修養，讓自己的舉止更優雅、個性更具魅力，她們最終得到了人們的認可、尊重和敬意！又有誰曾統計過，究竟有多少身體上有殘障的青年男女，將努力和意志放在自己的優點上，最終取得了成功，擁有了屬於自己的位置。

有的人被別人看不起，認爲自己無法做到別人能做到的事情；有的人被嘲笑智力低於常人，他人的看法，刺激了許多年輕人勝出的決心，最終，他們的生活要比任何一個曾經嘲笑過他們的人都更成功。

如果你想讓世界給你讓一條道出來，你就要用自己堅強的一面、志向遠大的一面去面對這個世界，這個世界會尊重那些言行舉止中有必勝氣勢的人。

對你幫助最大的一件事，就是用堅定的決心將事情做的更好，一定要讓自己的生活有意義。這將增強別人對你的信心，他們會相信，不論有什麼障礙阻擋你前進的腳步，你都會獲勝。要想正確評估一個人，首先要評估他的意志力和決心。

斯圖爾特有一次告訴一位對他的事業讚歎不已的人：「如果你知道我曾經失敗過多少次，知道我失敗的頻率有多高，你對我的看法可能就會不同了。」

但是，當斯圖爾特跌倒時，他不會在原地停留太長時間，他會像一個皮球一樣，很快彈起來。我們都知道，皮球摔的越重，彈的也就越高。事情的關鍵不在於你是否摔倒了，而在於摔倒之後你選擇了放棄，還是選擇用更大的決心和努力去取得勝利，這才是問題的關鍵所在。對於一個生來就具備成功素質的人來講，挫折和失敗根本就算不了什麼，任何一種力量都無法改變聖保羅、盧瑟、林肯、格拉德斯通這些人堅定的決心。想想當年拿破崙面對的壓力吧，各種影響因素都在迫使他改變計畫，但他堅定的意志讓他永不低頭。

正是「永不放棄」的精神讓人獲得成功。如果你能告訴我，誰具有「永不放棄」精神，一旦確立目標就絕不放棄，那我就能告訴你，如果在道德方面沒有污點的話，這個人就是最終勝出的人。

不輕言放棄、意志力堅定，這是成功者必備的品質之一。通常具有這種優秀品質的人身上，往往還有其他一些優秀品質，而且和他交往的也都是優秀的人。

常常有人跑到我跟前來，對我說這樣的話：「要是我能在資金方面得到幫助，要是有人肯幫我一把就好了，我一定能做出一番了不起的事業來。」

親愛的朋友，如果你眞是可塑之才的話，那麼即使沒有資本，你也一定能夠成功，因爲你身上具有的品質，要比任何有形資本都要寶貴。如果你天生註定是一個勝利者，任何力量都無法阻擋你前進。

取得成功的人，大多數都是從零開始的人，沒有人幫助他們，沒有人提拔他們，他們沒有資本，靠自己的努力站穩了腳跟。

不管是對於年輕人而言，還是對於年齡稍微大一些的人來說，如今這個社會能夠給我們的機會，比過去任何時候都要多，所以如果你有決心獲勝，你就能取得勝利。除了你自己，任何人都無法阻擋你前進。能夠阻礙你成功、讓你體會到失敗的，只有缺乏堅定信念和自信心，缺乏堅定的決心和意志，不願意爲自己想要的東西去努力、去付出代價。如果你踏踏實實努力工作，讓自己忙碌而充實，而不是偷懶去尋求打過折扣的成功、去找一條通往目標的捷徑，如果你願意和其他所有成功的人，付出同樣多的汗水，那你一定會勝出。如果你不希望自己的努力白費，就不要去做那些你認爲做不到的事情，而是要去做那些你認爲自己一定能做到的事情。根據我的觀察，那些四處去尋找資金幫助的人，他們本身並不具備十分優秀的個人素質，他們的人格魅力並不是十分突出。他們的個性中缺乏堅定的意志，總是想依靠外界的幫助，想利用其他人的影響力來幫自己一把。

主觀上不付出努力，只等著好運降臨到自己頭上，是徒勞的，因爲這種好事永遠不會發生。要想得到你想要的東西，你必須要主動出擊，並且不斷爲之付出全部努力。

美國奧克拉荷馬州的議員戈爾，是一位失明多年的盲人。他說，人類的精力能夠克服一切困難。那還有什麼是人類意志所無法征服的呢？在這生機盎然的星球上，植物的生長、各種動物的成長，不僅是科學養殖和科學管理的結果，也是生物和自然夥伴關係的最好佐證，是二者結合的產物。

在我們周圍，總有一些人坐等更好的機會，或者等待著理想的生活降臨到他們身邊，這些人中既有年輕人，也有年長一些的人。但是親愛的朋友，你要知道，最偉大的事情，都是在最不利或最平凡、最普通的情形之下完成的。每個人的日常生活都是平凡、單調的，在這種平淡的現實中，並不存在所謂理想的狀況。

如今，那些等在那裡、等待大好機會自動來到身邊，等待有人提攜、幫助、拉一把，等待著去利用他人影響力的年輕人們，去讀一讀像亞伯拉罕・林肯這類人的自傳吧。他們的機會何等渺茫，若換成你，你又會怎樣？爲什麼林肯可以撼動整個國家，而你卻浪費了一天又一天，你浪費了的每一天，在年輕的林肯看來，是何等珍貴的機會啊！所以，你需要的是一種奮發向上的精神，是一種能讓你在突然之間覺悟的啓示。

如果一個人帶著一顆既不十分認眞、也不十分堅定的心去工作，如果他想在輕輕鬆鬆、不付出堅持和努力、只發揮一半的才能、只利用自己一部分想法的情況下，就獲得理想的生活，那他將一事無成，得不到任何有價值的結果。如果你抱有這樣的想法，就算不至於失敗，也註定只能到達普通、平庸人的行列。

教育的最終目標，就是要訓練人的各種官能，並充分利用它們爲你想要達到的目標而服務。如果你無法依靠自己的力量去完成某個任務，那根本就不要去嘗試了，因爲你已經承認了自己的軟弱、無能，承認了你不願意去付出努力，也不願爲目標付出代價，你願意去過更廉價的生活，那樣你會覺得容易一些。

能夠完成艱巨任務、解決棘手難題的人，都是信念堅定、意志堅決的人；最終獲勝的人，都是那些別人遭遇挫折後退卻下來，而他卻迎著困難前進的人。

如果你下定決心想要獲得成功，你就必須帶著不知失敗爲何物的精神，將自己全部的生命，都投入到自己的任務當中去，這樣才會有成功的可能。但是僅靠那種軟弱乏力的精神，沒有不可壓制的願望、唯一而集中的目標以及永不言敗的熱忱做後盾，你不可能走的太遠。

究竟是一種什麼樣的力量，督促你去實現自我，去獲得屬於自己的東西呢？這種力量到底有多大呢？我們不妨試想一下，一位母親要去救助自己落水或被困於大火中的孩子的時候，那種力量有多大！就算這位母親體弱多病，但只要有一線希望，她絕不會放棄自己的努力。所以，一切均取決於你多麼想要得到這個東西，你下了多大的決心去得到它，你願意爲它付出多麼大的犧牲，你是否願意放棄你的躺椅、你的歡樂和你的各種娛樂活動。

第21章　如何吸引財富

丹尼爾．韋伯斯特曾經說過：「我們的周圍總是充滿了各種奇蹟，但其中有一件事情毫無疑問是最大的奇蹟，那便是我們永遠都被一種無限永恆的力量支配著，這種力量同時也推動一切事物不斷向前發展。」

當你將自己的思想傳播出去的時候，它並沒有如我們常說的那樣，進入了一個「空曠的空間」，相反，它進入了「一個推動事物不斷向前發展的、無限、永恆的能量庫」，同時，你的思想還會根據它們的性質，在你的生活中物化，並以具體的形式表現出來。這種永恆的力量或創造性的智慧，與宇宙的法則和諧共存的同時，它也會按照「種瓜得瓜，種豆得豆」的道理，將你所散播的思想，回饋到你的生活當中去。我們的思想總能夠將一些東西吸引到自己身邊來，這些東西和我們的志向相吻合。如果我們不懂或者忽略了思想的重要性，最終的結果便是我們過著不滿意、不幸福、不美滿或貧窮的生活。生活中有許多人無法發揮自己的才能，有許多人原本可以過上富足、安康、快樂的生活，然而，他們卻將自己不恰當的想法，不斷送往「無限永恆的能量庫」中，導致他們的生活窮困潦倒。

大多數人並不知道，思想影響著我們周遭的環境，它既能夠帶給我們財富，也能讓我們貧窮，既能讓我們實現自己的理想，也能讓理想棄我們而去，因此思想能夠在最大程度上，決定一個人的狀況，它的力量非其他任何事物所能及。如果我們每個人都知道這一點，在自己的內心深處，鎖著一種強大的力量，如果我們都明白如何利用思想，去支持自己在物質層面上的努力，那我們每一個人都將會是快樂的、成功的。

有人說：「要敢於讓自己的思想如宇宙般廣闊，這樣會令自己更加自信；要敢於擁有更大的自信心，要敢於相信自己和自己肩上的使命；要擁有更偉大的思想、更崇高的理念。」

但是，許多人卻害怕這樣做，他們不敢將自己想的太好，他們不敢奢望那些讓自己舒適、愉快的東西，他們似乎認爲，貧窮是上蒼賜予他們的一道法令，他們生來就是貧窮的，註定要一輩子受窮。

追尋財富沒錯，只是對金錢切不可過分貪婪。我們都應該過上富足的生活，而不是過著拮据、忍饑挨餓、節衣縮食的貧民生活。沒有人願意在貧窮中卑微地活著，一輩子過又苦又累的日子，永遠無法體會舒適的生活。地球本身是一個充滿財富的星球，它的財富完全可以讓每個人，不再忍受貧窮的折磨，過上體面的日子。每個人都有一種與生俱來的權利，有權過上美好的生活，有權獲得必要的福利，有權將自己的工作做到最好，有權擺脫任何限制和窘迫的處境。

W．約翰．默里博士說：「我們希望擁有財富和潛能，但並非想要過富足而愚蠢的生活，相反，我們希望財富能讓自己變的如同天使一般，為他人帶來福音和好處，然而並非人人都能意識到這一點。我們並不是要讓金錢成為萬能的東西，我們要讓金錢成為人類聖潔的助手，這才是我們需要金錢的真正原因。」

正確利用金錢並不是一種罪過，而是一件幸事。而人如果永遠處於缺乏和不足狀態之下的貧窮，則恰恰能夠限制一個人的生活，讓他的才智無法得以發揮，讓他的志向無法得以伸展，讓他的希望逐個破滅，讓他的生活中滿是饑餓和障礙。

我們根本就沒理由，處在這種扼殺人的靈魂和肉體的貧窮之下。你可以透過自己的思想擺脫貧窮，但你的思想也可以讓你一直陷入貧窮中無法脫身，一切均取決於你的意志。可以這樣說，如果你一直認為自己是一個乞丐，那除了乞丐之外，你就什麼都不是；如果你認為自己很窮，那你只能做一個窮人；如果你認為自己很失敗，那你就只能做一名失敗者。如此悲觀失望的世界觀，只能消磨一個人的理想，讓他不思進取。所以，如果你的思想中充滿了失敗的想法，你就不會做到最好，不論什麼事情，你都無法取得成功。

想要成功的人、想要實現夢想的人，必須持有成功、富足的想法，他的思想必須是進步的、有創造性的、有建設性的、新奇的，最重要的是，他對自己所渴望的事物，必須抱有樂觀的心態。相反，如果他的想法是消極的、破壞性的、悲觀失望的，那麼，不論他多麼努力地去工作，都不會達到自己的目標。許多人最終沒能實現自己的目標，是因爲他們的心態和自己的努力背道而馳。他們表面上在做著某件事情，而心裡卻打算著另一件事情，由於心態不對，所以他們的努力都是徒勞，他們永遠無法靠近自己所追求的目標。

有許多步入中年的朋友，生活不盡如人意，事業處於低谷，不被領導重用。他們覺得自己已經永遠失去了機會，不可能重新過的精彩，在餘生中他們唯一能做的就是活著。假如他們知道自己還蘊藏著巨大的力量，那他們就會輕鬆地扭轉心態，以一個全新的開端，改變自己的生活。

吸引力定律就如同地心引力定律和數學定理那樣準確無誤、不容變更，它總是一成不變地循著你的思想而來，因爲是你的思想設定了它的運動方向。不論你對待生活、對待工作、對待世界持有何種態度、主導思想是什麼、是何種心態，這些思想都能夠回饋到你的生活當中去。抱有繁榮發達的信念，就使你與繁榮發達的生活密不可分，而富足的生活永遠不可能屬於一個總想著窮日子的人，這正是「吸引力法則」的具體表現。如果說一個人的思想、理念、所期待的事物都是和貧窮相關的，如果一個人總是想像自己的生活困苦不堪，那他吸引到身邊來的事物除了貧窮，再無其他。

我們的生活是由我們的思想所打造的。一個人怎樣想，就會怎樣去做，所以，你的生活狀態、個性、環境，都會限定在你的思想範圍之內，你永遠無法讓自己赫然出現在自我限定的範圍以外。許多人用懷疑和恐懼，將自己限定在一個狹窄的空間之內，他們最終無法讓自己的內在力量得以發揮，就此扼殺了自己的潛力。他們不相信能實現自我，他們總是在抱怨、總是擔心最壞的事情，做最壞的打算，總是在腦海裡想像自己貧困潦倒時的情形，想像自己眾叛親離時的場景，想像自己缺乏他人的關愛、沒有機會、沒有社交生活、沒有理想的生活。他們並沒有意識到，是他們自己監禁了自己，是他們自己將自己置於不利的境地。他們並不知道如何才能將自己想要的東西吸引到身邊來，他們也並不知道，他們的自我一直都在尋找著他們，他們想要的一切，不論是富足、朋友、愛、快樂、幸福，還是其他任何符合常規的事務，都最終會來到他們的身邊，除非他們用對抗的思想，將它們驅趕到遠離自己的地方。

思想悲觀消極，往往伴隨著恐懼、焦慮、長期的抑鬱，所以它能帶來的另一個災難性的後果是引發疾病。它能讓身體上的某些不適一直存在下去，因爲人的心理和精神，能夠影響一個人的身體狀況。精神上的壓抑，會在身體中產生一種毒素，這種有毒物質，能夠導致疾病的進一步發展，醫療行業的人都明白這一點。

湯瑪斯·A·芬頓博士說：「如果一個人的思想中，充斥著悲痛、憤怒、焦慮、恐懼，那麼他無疑處在一種病態的心態當中。這種心態爲各種疾病的種子提供了土壤。然而，擺脫這些情緒，用愉快的心情善待自己，就如同陽光、新鮮空氣和純淨的水一樣，對身體大有好處。不管何種疾病，醫生最怕的就是病人自己放棄了希望，因爲這樣十分不利於治療。如果病人心態樂觀，相信自己一定能夠恢復，那對他的康復必然會更有利。」

那麼，我們對於自己物質生活狀況的質疑、恐懼和哀傷，與我們對自己的健康、身體狀況的質疑和擔憂，會產生完全相同的效果。那些淪落到貧窮境地的人，那些失去希望、認爲自己永無翻身機會的人，他們其實都是被自己的思想所毒害的人，他們遭受的是精神疾病，這種精神疾病已經毀掉了無數人的生活，讓他們陷入痛苦，難以自拔，這種精神疾病，已經奪走了他們應有的、與生俱來的神聖權利——幸福、健康、繁榮。它給人類所帶來的傷害程度，不亞於任何一種身體疾病，所以只有心態改變了，才會有康復的希望。

如果你現在正遭受著思想消極這種精神疾病的困擾，那麼從現在起，你就可以進行自我治療。你可以轉過身去，從此不再向貧窮的方向眺望，而是朝著財富所在的方向進發。你可以去談論一些有關富裕的話題，想一些和富裕、成功相關的事情，而不是一味地抱怨自己多麼貧窮，總想著自己缺東少西。你要昂首挺胸，讓每個人都知道，你期待美好的事物，你可以讓自己成爲一塊磁鐵，將積極的東西吸引到自己身邊來，你絕不能減弱自己的磁力，導致積極的事物離你而去。

如果你將一塊磁鐵靠近一堆垃圾，這時，磁鐵便會將垃圾中所有的圖釘、鐵釘、各種形狀的鐵屑吸引過來。但除了這些，它什麼都不會吸引，不會吸引紙屑、火柴梗、破布條以及其他一些物質。換句話說，它只能夠吸引那些和它有親和力、它能夠吸引的東西。你在生活中能有多大的成就，取決於你的思想這塊磁鐵能吸引來什麼東西，取決於你對於自己渴望擁有的一切，能釋放出多大的吸引力。

你要用追求繁榮的想法及獲得成功的志向、欲望和決心，來武裝自己的生活，這樣你才能夠具備吸引財富和成功的磁力。百萬富翁之所以能將金錢吸引到自己身邊來，就是因爲他們已經讓自己，具備了吸引金錢的強大磁力，這就好比那些時刻想著音樂、生活中充滿音樂、酷愛音樂、夢裡都是音樂、走遍世界的每個角落去聽音樂、有時間就練習演奏的人，最終會成爲一塊巨大的音樂磁石，成爲一名偉大的音樂家；這就好比一個爲研究法律而活的人，全身心投入到法律研究中，最終將一切和法律相關的機會，吸引到自己身邊來，最終成爲一名偉大的律師。他們的思想使他們充滿吸引力。世人都感到J·皮爾龐特·摩根晚年所取得的成就不可思議，人們似乎都認爲，他手中有一根能夠點石成金的魔棒。然而，他也只不過是遵守吸引力定律的法則而已。他的思想具有偉大的建設性，能夠將自己想要的東西吸引到身邊來，對金錢尤其如此。作爲一名國際銀行家，他總是將自己巨大的精神力量，集中在賺錢這件事情上來，一直到自己的思想，最終具有了令人驚歎的吸引力，這種吸引力只吸引一種東西——金錢。

貧窮、體弱、不和諧、未能實現理想、不滿意、不快樂，所有的疾病，都來源於我們忽略了一條精神法則的重要作用，都是因爲我們沒有意識到，思想在生活中所起到的壓倒性作用，是因爲我們沒有認識到，自己對工作和目標所持有的心態，決定著我們最終的成就。如果你並沒有帶著希望去工作，在工作中看不到任何未來，只是爲了討生活而已；如果你的前方看不到光明，生活中除了貧困、困難、苦與累之外，感受不到其他任何東西；如果你認爲自己註定生來要過苦日子，那你除了能得到你思想裡所想的東西以外，將一無所獲。這樣一來，你不僅無法令自己富有吸引力，將自己渴望的東西吸引到自己身邊來，而且會削弱自己原本的吸引力，讓這些東西離你遠去。或許你正在爲更好的生活而努力工作，但是，你的頭腦中存有某些與你所渴望的東西相衝突的思想，這些思想影響著你的心態，它將削弱你的精神吸引力，讓你無法將自己所渴望的東西，吸引到自己身邊來。每一次當你想到貧窮，每一次當你出現懼怕貧窮的念頭，以及每一次感到擔憂和焦慮，都會將它的解藥——繁榮富裕趕跑。如果我們一直持有貧窮和失敗的念頭，那麼，富裕和成功就無法靠近我們。

記住，只要你將思想集中起來，並讓它充滿希冀、充滿期待，你就可以讓自己成爲一塊磁石，只要你堅信自己能夠得到這一切，你就能夠將心中渴望的事物吸引過來。要在思想中一直保持這樣的信念：你被宇宙中富有創造性的力量所包圍，萬物都在這種無限的力量之中不斷向前發展，所以，你是一塊巨大的磁石，能夠將本應屬於自己的事物，吸引到自己身邊來，因爲你與這些事物之間，存在一種親密關係，相互吸引，因爲你的思想、動機、志向、靈魂深處的渴望，都和這些東西相匹配。不論你所處的環境多麼不如人意，也不論你的情況多麼糟糕，只要你緊緊抱定這個理念，將它深深刻入你的腦海，將自己的精神力量，看作一塊巨大的磁石，你就能從無邊無際的宇宙能源中，將你爲之努力的事物吸引到自己身邊來，很快，你就會吃驚地發現，這些事情已經初露端倪。

要想讓自己具備吸引財富的能力，成爲一塊財富磁石，最可靠的方法，就是不斷加強自己的意識，感覺到我們和財富、萬物的源頭具有同一性。當你的悲觀情緒油然而生之時，當你感覺到自己的貧窮之時，不妨持有這種想法：「我不會是一個貧窮之人。」對生活和未來的恐懼、懷疑、擔憂、焦慮，將不會再打攪你平靜的思緒。

總有那麼一天，窮人將學會運用思想改變自己的命運，擺脫貧瘠、變得富裕，學會讓自己跳出蕭條和消沉的牢籠，不再步履沉重。

對於大多數落魄、氣餒、已成爲他人負擔的人而言，透過鼓勵和支持，讓他們知道自己仍然具有巨大的潛力，仍有希望在，他們完全可以被改造爲有用、有價值的人才。氣餒是不幸福、不滿意的罪魁禍首，是貧窮、放縱甚至犯罪的罪魁禍首。當一個人處在悲觀喪氣的狀態中時，他做不好任何事情，而且往往會沉迷於一些不良的習慣嗜好。

對於政府而言，不論是財政上的回饋，還是廣大人民群眾幸福與福利的增加，都比不上爲那些悲觀喪氣、情緒低落、失業、飽受貧窮折磨的，尤其是那些對貧窮充滿恐懼心理、害怕在一貧如洗的家中走到生命盡頭的人，建立一個心理治療站更有意義。如果這些人，這些總在爲經濟狀況焦慮的人，能夠有一個專門爲他們而開設的治療站，就像身體生病的人去醫院求診一樣，他們去接受精神方面的治療，如果他們在這裡，能夠得到專門人員的鼓舞和激勵，得到受過專業訓練的心理醫生和專業人員的鼓勵，那該是一件多麼好的事情啊！對於整個人類來說，這是一個多麼大的進步啊！如果所有政府都能夠建立這樣的機構，免費爲精神上有問題的人提供治療，那麼，世界上貧窮、絕望、犯罪的人數量將會大大減少。

對於專業人員來說，採用心理化學療法，用新的希望和精神鼓舞那些受傷的靈魂，讓處在自殺邊緣的人，重新樹立正確的生活觀、開始新的生活，相對而言要容易一些。有的人甚至只需要一輪治療，就能夠步入正確的軌道，朝著自己的目標前進，不再氣餒、絕望，不再和自己的目標背道而馳，有的甚至在生活中重新站穩了腳跟。他們的目光裡閃爍著新的希望之光，他們期待著更好的事情，擺脫了病態的精神狀況。新的勇氣、希望、理想將會取代憂鬱和消沉的心態，將會取代消極、看不到希望的世界觀。

與此同時，任何人都可以將心理治療的方法應用到自己身上，從此扭轉思想觀念，只朝著富裕的方向去看。正確的思想具有一種創造性力量，只要你不斷地感受自己和萬物之源的同一性，你一定會沐浴在繁榮昌盛的陽光之下。

第22章 自私——人格魅力的殺手

我在阿拉斯加的時候，曾去過葬馬峽，它位於舊育空鐵路線的育空隘口，當年，曾有四千多匹馬因人類的貪婪而葬身於此。

自從阿拉斯加的金礦被發現之後，人們在一夜之間變得無比興奮，瘋狂地湧向能夠找到金子的掘金點。爲了搶到金子，他們不顧一切地鞭撻著自己的馬匹向前趕路，馬匹馱著沉重的行李日夜兼程，最後，在到達育空河下游的山地時，四千多匹馬斃命於饑餓與寒冷。

當時的育空隘口尚未通車，人們只有藉助馬匹的力量才能通過，數年之後，當人們乘著火車經過這個峽谷時，總會想起那些可憐的馬兒悲慘的命運，這條峽谷也因此而聞名。馬兒爲主人盡忠，結果卻成了自私的犧牲品。

在喪失馬匹之後，一些較爲虛弱的人以及那些已經生病的人掉隊了，最後死於中途。沒有人顧及他們，那些前去淘金的人都如此瘋狂，他們拼命地趕往夢寐以求的、能讓他們發大財的藏寶之地，片刻不能耽擱，但這些人最終也碰到了麻煩。

在文明時代，竟然會發生這樣的事情，聽起來似乎有些難以置信，但是類似的事情卻天天都在發生。人類貪婪自私的本性，讓他們對掉隊的兄弟不管不顧，讓他們在面臨生死考驗的關頭，拋棄了曾對自己忠心耿耿的人。當經濟效益不好的時候，他毫不猶豫地用最後一個月的工資，打發了曾爲自己服務多年的老雇員。當雇員生病或發生了其他一些變故，無法再繼續爲他工作的時候，他會毫無同情心地解雇這些雇員，因爲他們沒用了。

自私貪婪的人，都是性格沒有得到全面發展的人、性格不健全的人。他們永遠無法成爲完整的人，因爲自私壓制著一個人的表現力，會讓他停止發展，無法施展自己的全部才能。

我們可以設想一下，一朵玫瑰對自己說：「我不能將自己完全綻放，將美麗和芬芳帶給這個不懂得欣賞的世界，我應當保留它們，將它們留給我自己。」當然，這朵玫瑰永遠也不會有所發展，因爲它的花蕾沒有得到綻放，它沒有將全部的自我展示出來，沒有將自身的美麗和芬芳呈現出來。有所保留的玫瑰，永遠不會成爲一朵眞正的玫瑰，它永遠無法綻放出美的力量，最終只能漸漸枯萎、凋零。

自私是人類犯罪的根源，是世界上大多數錯誤行爲的動機。促使我們犯錯的，正是只爲自己著想、只顧自己的利益、只圖自己開心、對某事某物覬覦已久的私心。

如果你只想著自己，你會發現，就算你得到了也體會不到滿足感，一切東西在你的手中不過是過眼雲煙。但是，如果你的宗旨是追求進步和服務他人，如果你生活的目標，是讓自己成爲有用的人、讓這個世界更加美好，如果你能感覺到並且遵循服務於人類，而不是一味追求金錢的神聖呼喚，你將得到長久的滿足感。

世界有它自己的規律，自私的人必然處處不順利，每個人都排斥他，所以他勢必會失敗。人們不喜歡自私的人，每個人都會躲開自私的人，對自私的鄙視是人類的本能，是我們與生俱來的一種情感。

宇宙中存在一種補償定律，這一定律讓一切趨於平衡。不論你付出了什麼，一切最終會回到你身邊。如果你不想要付出任何代價就得到，如果你只進不出，如果你不停地在囤積、搜羅，盡可能多地索取，盡可能少地付出，那麼，補償定律將會切斷你和你想要的事物之間的聯繫。你的收支量要保持平衡，來到你身邊的事物，應當和你所付出的事物保持量上的一致，也就是說因果關係其實是一種平衡關係。

大自然是絕對公平的，善有善報，惡有惡報，這是法則。我們都十分清楚，總是爲自己打算、總想抓住大機會、目光短淺，這些讓我們變得渺小、卑鄙、不受歡迎。換句話說，我們不能只爲自己活著，我們不能過於自私、貪婪，我們不能不負責任地，將自己淳樸的天性泯滅，讓自己失去獲得成功、發達繁榮的潛力。

自私的人沒有幸福快樂可言，因爲幸福是無私奉獻的結果。自私只能給人們以低層次的滿足感，這種滿足感不是來自更高的精神境界，而是來自動物的低級殘酷的天性。如果我們無法實現自我，無法實現最大限度上的發展，我們就無法享受無私奉獻所帶來的幸福快樂的感覺。

當我們對他人有不義行爲時，爲什麼會有一種自責的感覺？那是因爲我們在傷害他人的同時，也傷害了自己。身邊的人是我們生活的一部分，如果你用利刃去傷害你的朋友，你就是在傷害自己。宇宙的法則，無法讓一個人在不斷傷害他人的同時，確保自己安然無恙。不論你做的多麼隱蔽，不論你所傷害的人多麼卑微、多麼渺小，你所得到的後果都是相同的，在傷害他的同時，不可能不同時傷害自己。這是一條不容更改的法則。

人類的每一次交易、每一次和他人打交道，都會有一個沉默的夥伴默默陪在你左右。他的任務是確保你每做一件事都是公平正義的，在各方面都要保證公平正義。我們所做的一切，我們所意圖的一切，都會準確無誤地返回到我們身邊。如果我們眞誠地盡全力幫助別人，我們也會得到他人的保佑和祝福，任何事物都無法阻擋這種福報來到我們身邊。即使你匿名爲慈善機構捐獻了一千美元，不希望任何人知道這筆錢的來歷，然而，你那個沉默的夥件一定會確保你得到回報，你的生命會因此而更加富有。相反，如果你的行爲沒有任何價值，或者是出於自私的動機，你的行爲傷害到其他人，那你計畫投向他人的炸彈，最終將會落到自己頭上。一次不恰當的行爲、一句惡毒的言語、一個邪惡的念頭，總是會反彈回來，落到發出它的人身上。

自私永遠是一件得不償失的事情。我們不可能不勞而獲，因爲這有違於自然法則，這條永恆的自然法則，就寫在我們每個人的本性裡，種瓜得瓜，種豆得豆，是不變的規律。

我們將會意識到，我們永遠不可能欺騙他人，我們只不過是自欺欺人，騙騙自己罷了。一切事物都有一種自然屬性，這種屬性是公平正義得以實施、我們的行爲帳戶得以平衡的有力保證。當我們欺騙他人的時候，我們其實是在欺騙自己；當我們認爲自己占了大便宜的時候，恰恰是吃了大虧。不公平交易所留下的，往往是對自尊的踐踏。我們在蓄意欺騙他人後，並不見得多麼舒心，最終，我們的不誠實，將會讓我們在物質層面上更加貧窮。

過去，人們認爲欺騙十分有利可圖，許多人專門靠欺騙他人爲生，他們絲毫沒有意識到，每進行一次不誠實的行爲，他們的人格貧瘠程度就會加劇一些，他們的生活也會隨著欺詐的實施而更加貧窮。當我年紀尚小的時候，商人們總認爲欺騙是一件划得來的事情，但是近年來，再沒有人奉行這種做法了，相反，商業界的黃金規則日益佔據了主導地位。人們發現，誠實是值得的，是有回報的，不誠實是不值得的。就物質上的得失而言，誠實無須被列入道德範疇去考慮，事實早已證明，誠實爲上策。現在世界上的許多大公司都意識到，它們越是遵循黃金規則，所得的利潤就越是豐厚，它們對自己生意的滿意度也就越大。

黃金規則一度被人們認爲只適用於宗教，它是教會講壇上的說教，是主日學校裡的課程，與人們的實際日常生活並沒有太大關係。商人們很少遵守這一原則，即使遵守了，也是出於責任感而並非其他。人們並不認爲這是一種良好的做法，因爲當時盛行的說法是「讓顧客自己當心」。他們的理論是，如果顧客受到了欺詐，只能怪自己不小心，商人不需要承擔任何責任。每個經商的人都努力最大限度地討價還價，那個時候，在商店裡看到店員和顧客大聲爭論是平常的事情，因爲他們努力想要商定出一個既有利潤、顧客又能夠接受的價格。

約翰·沃納梅克是第一個提倡統一價格系統的商人，他爲整個文明世界的貿易帶來了一場革命。今天，我們再也看不到過去漫無邊際討價還價的情景了，除非在廉價商店裡。通常來講，在具有一定名氣的商店裡，商品的價格對每位顧客都是相同的，在價格方面，他們對顧客是一視同仁的。

人類有一種品質是永遠不被饒恕的，那就是太過自私。這種品質，也將是第一批被人類歷史所淘汰的品質之一。歷史永遠不會爲貪婪和自私豎起一座紀念碑，歷史只會紀念那些爲人類利益做出貢獻的人。

每年都會有許多百萬富翁離開人世，然後被人們遺忘，因爲他們自私，只知道不顧一切聚斂金錢。在他們的死訊被公佈後，他們總是以快的令人吃驚的速度被世人遺忘。人們對五年前幾乎天天出現在各種報刊上的百萬富翁的姓名、面孔毫無印象。當人們再度提及這些富豪的名字時，所採用的語氣幾乎都是嗤之以鼻的，極少數是尊重的。

有些人雖然已經離開我們許多年了，他們在世的時候並不富裕，然而他們的名字和音容笑貌，卻留在對他們持有感激之心的人的心中，因爲他們的生命是充滿光輝的、無私奉獻的。林肯、彼得・庫珀斯、喬治・皮博迪，他們的名字不僅會永垂青史，而且會隨著時間的推移更加響亮。

不論什麼時候，只要你能，就儘量說話和氣、行善積德，因爲做善事的機會一旦錯過就不會再來。如果你允許自己將別人所需的物質搶奪過來，給別人造成生活上的困難，那你就失去了自己最有價值的一個部分，因爲你不再願意去幫助別人，不再願意服務於他人，你已失去了人性中最寶貴的一面。

然而，人是不可能單獨存在的，不可能遠離人群，獨自過著自私、無情、對他人毫無幫助的生活，獨自享受著靠自私的手段得來的一切。當然，你可以爲自己活著，可以對他人毫不在意，如果你願意，你也可以硬著心腸，去對待那些急需要幫助的人，但是這些做法又能令你得到些什麼呢？你會發現，大自然已經用補償定律，沒收了你從別人那裡得來的一切，你將失去感覺的能力，再也無法體會人世間的許多快樂。如果你繼續佔有別人所急需的物資，你就會成爲一個冷血動物、一個鐵石心腸的人，任憑別人怎樣痛苦哀號，你都無動於衷。你將會變成一個怪物。

世界上不可能有帶著靠自私得來的一切、遠離人群獨自生存這回事，所以，誰也不可能成爲純粹意義上的獲得者。因此一個人不論多麼精明，都不可能戰勝大自然的法則。大自然的原則是「不捨則失」，如果你樂意，你可以苛刻、自私、小氣、讓人看不起，但是你必將爲每次自私行爲付出可怕的代價。作爲你違背大自然法則的代價，她會透過補償法則，奪去你人格中的某些東西。

一生只追求自己舒適、自己方便，只貪圖自己的利益，只滿足自己的癖好、自己的欲望的人，會發覺生活如此枯燥乏味。年輕時的朋友通通棄他而去，世界對他將會「以其人之道，還治其人之身」，就算在他需要幫助的時刻，也得不到他人的關愛、同情和幫助——他早已失去了這一切。一切自私欠下的債，生活都會如數討回。

第23章　生命的效率

在過去的十年裡，人們對效率這一話題，投入了極大的關注。說來說去不外乎一件事，就是如何在做事情時提高產出、提高機械的性能、找到更高效的捷徑、採用更簡單的方法、提高經濟效益。不論走到哪裡，提高效率是大趨勢，相對而言，我們較少聽說「生命效率」這一概念，但事實上，生命的效率要比企業的效率更爲重要，只有讓生命有價値，我們才能過上眞正美好的生活。

一個人在商場上的效率，或許毫不遜色於戰場上的拿破崙，但是生活中卻很有可能一敗塗地，他或許過著最缺乏道德、最爲人們所不齒的生活。在生活方面，他或許是一個典型的反面教材，但從經商的角度來講，他的效率卻極爲出色。

我有一個朋友，他非常有商業頭腦，很有經商之道，但他沒有將腦力和精力，用在如何合理經營自己的企業上，相反，他爲一些雞毛蒜皮的小事而焦慮，浪費了許多精力。他並不是一個豁達的人，經不起一點點挫折。他的企業無論在哪方面發生了問題，他都會非常不開心，這種不開心一直要持續到事情結束以後，他的心情才會有所好轉。然而又有哪個大公司會一點問題都沒有呢？結果就是，他幾乎從來沒有正常過、快樂過，總有什麼事情打攪他平靜的思想，幾乎每次見到他，我都能看到他臉上佈滿愁雲，覺得他的生意出了什麼大問題。他也從來沒有學會在逆境中和人交往的藝術，他喜歡幸災樂禍，喜歡看著周圍的人倒楣，他就像一台敏感的無線電接收站，總能接收到不協調的電波和各種不幸的消息。

如果一個人能夠將自己的工作打理的井井有條，而生活上（包括思想和習慣）卻一團糟，這樣的人很容易在正當壯年的時候想不開而自殺。工作上的成功，只是一個人人生成功的一小部分，對於一個完整的人來說，成功應具有更廣泛的含義。這也正是我們來到這個世界的原因，我們要培養自己，讓自己具有完美的男子氣概或女性美德。金錢固然重要，事業固然重要，但做人才是最重要的。

不論在哪裡，我們都能見到這樣的人，他們經濟條件不錯，生活卻很糟糕；他們在事業上成功了，但生活上、人格上卻失敗了。我很少見到那種事業生活雙豐收的人，因爲許多人都過著有害的個人生活。他們思想境界低，具有某些不良嗜好，他們飲食不規律，在食物的選擇上也並不科學。

很少有年輕人認識到，生活上的成功、命運的好壞，在很大程度上取決於對自己潛能的利用和對大腦的利用，取決於他們爲開創一項偉大的事業，在身心方面所做出的準備工作。生活上的成功，在於訓練和培養自己的各種官能，讓它們爲成功做好準備，這和用各種專門的商業手段來武裝自己的企業，爲邁向成功而精心準備策劃是同一個道理。

如果人們能夠把提高企業效率的方法，應用到個人生活方面，如果人們能夠將自己的身心資本，視爲和企業資本同等重要的東西，那麼，他們的生活一定會發生翻天覆地的變化。

如果一個企業的貨幣資本有效利用率只有25%的話，那這個企業很快就會破產，但是，有許多人個人利用的有效率卻遠未達到25%，原因是他們不會條理、系統地發揮，也沒有爲生活上的成功，做好百分之百的準備。

有成千上萬收入微薄的年輕人感到迷惑，他們不明白自己爲何無法快速出人頭地。他們不滿、失望，原因是他們一直沒有得到更好的職位。他們忽視了一個事實，是無知阻礙了他們的進一步發展。如果你問他們一個簡單的、很常見的問題，他們的回答很可能是「我不知道」，然後他們會露出一臉的迷惘，表現出無所適從的樣子。

最能夠增強一個人的力量，並在很大程度上給人以個人滿足感的，莫過於一個知識豐富、反應快捷靈活的大腦。然而，許多人並沒有意識到知識的力量，沒有意識到教育帶給人的巨大好處。

令雇主感到最棘手的事情之一，便是不瞭解爲自己工作的雇員。那些職員都是知識匱乏的，且缺乏訓練。速記員沒有什麼知識，對歷史和政治一竅不通，他們的經歷和知識面如此狹窄，以至於含義最簡單的詞彙，就能把他們難倒。雇員們總是犯語法和拼寫錯誤，或者機械地做著自己的工作，從來不動腦子，也不去多想他們做的是否合適、恰當。

既然你認爲如果條件適當的話，自己完全有能力賺更多的錢，那你是否試著找過原因，爲什麼這麼多年來，你的薪水一直都這麼微薄？與其爲自己無法更快有所作爲，而感到失望、悶悶不樂、懊惱，何不認眞分析一下自己，看看是否可以戰勝自己的弱點？你要去尋找那個更優秀的、人格完美的自我，他就潛藏在你內心深處，你一定能找到他。深入研究一下自己，如果你感覺自己只發揮了潛能的四分之一或一半，那麼，這當然就是你的癥結所在了。你是否認爲原因就在於你自己呢？

人往往會給自己找各種藉口，用來作爲自己不得志的理由，比如說，別人有機會而自己沒有、一直受到自私老闆的壓制、懷才不遇、早期沒有受到過良好的教育和培訓。這些怨天尤人者往往忽略了一個事實，那就是人們通常會得到自己應得的東西，種瓜得瓜，種豆得豆。心存不滿的人，其價值或許略微大於其現有所得，但是如果你眞是一塊材料，眞能表現出卓越才能的話，那麼不論哪個雇主，都不會讓這樣一個人才做一輩子小職員的，因爲這樣做，對他們會是一筆巨大的損失。精明的雇主永遠都在尋找可造之材。

今天，社會上有成千上萬聰明、能幹的年輕人，他們在普通的職位上拿著微薄的工資，最主要的原因就是所受的教育不多。那些想要尋找高職位、高薪水的人隨處可見，但是，無知阻擋了他們。他們不僅無法很好地處理數位方面的資訊，寫不好商業信件，無法巧妙、有效地運用語言，而且，他們的言談也表現出了詞彙的貧乏，最糟糕的是，從他們的言語當中，我們能夠感覺到他們不具備高層次的道德標準和文化修養。

你之所以無知、之所以沒有得到充分的發展，眞正的原因是什麼呢？或許有些事情不該怪你，你在一生中接受知識最快的那段日子裡被迫輟學，幫助家裡，在農場工作。但是只要你願意，現在你仍然可以以更強的理解力學到更好的知識。人活到老學到老，只要生命不停止，學習就不應該停止，自學是一種重要的學習方式。如果你認爲自己正在走下坡路，你的首要任務是分析一下自己，讓自己覺醒、振作起來！

你或許並沒有意識到，你的腦子轉的不夠快，你的思維速度也不夠快，因爲你並沒有訓練過自己，讓自己的思維快速、連貫、邏輯、高效，讓自己的大腦按照意願集中精力。然而，阻礙你進步的，恰恰正是這些東西。

當我們看到許多天資聰慧的優秀青年，只在商業界負責一些無足輕重的工作，不斷因工作能力和實際工作之間的差異而感到壓抑時，心中總不免感傷。

眞正具有成功潛質的人，無論被放在何種職位上，都會讓這個職位變的更加體面、更爲重要。許多速記員或辦事員，都可以透過擴大知識面、廣泛閱讀、勤於觀察，來讓自己的收入翻倍再翻倍，從而改善自己的生活。許多目光短淺的工人，幾乎從來不讀書、不看報紙雜誌，也不瞭解時事。我認識一位這種類型的年輕女性，她從不讀書、不看報紙，就算是看書，也只看些無聊的小說，看報紙也只看上面的八卦新聞。她從來沒有想過閱讀的目的是獲得知識和資訊，是拓寬知識面和提升思維能力，是爲了讓自己更有才智。像這種類型的女性，如果哪一天道德操守方面出了問題，還有什麼値得大驚小怪的嗎？我認識一個速記員，她說不出任何一位外交大使的姓名，除了總統，她對其他政府官員幾乎一無所知。

今天，有許多人可以僅僅花上一年左右的時間，就可以透過有系統、持續、艱苦的努力提升自己，讓自己的情形得以改觀。今天，在這個到處都是培訓機構以及設施良好的圖書館的大環境下，在各種日報、期刊隨處可見的社會條件之下，對於一個心智正常的人來講，恐怕再沒有什麼冠冕堂皇的理由，來爲自己缺乏常識性知識辯護了。有許多青年人透過函授學習、培訓，或透過家庭教師，甚至透過自學讓自己擺脫了困境，而就在幾年前，他們的情形看起來毫無希望。如果一個閉塞的人，肯去圖書館免費閱讀當前的各種雜誌，他很快就會發現，自己的知識面得到了擴展，自己的心智在很大程度上得到了提高。要儘量去聽一些傑出人物的演講，最終，你的總體素質會得到很大的提升。

只要在有能力爲自我提升而投資的情況下，就不要把錢存到銀行裡，比如說，出去旅遊就比把錢存在銀行更好。任何眞正意義上的自我提升，任何能夠讓你成爲一個更優秀的男人，或一個心胸更廣闊、更高貴的女性的事物，都是有價值的投資，都能帶來永恆的、任何人都奪不走的財富。

你所擁有的內在財富，是你最眞實的一筆財富，你的銀行存款，你在股票、基金方面的投資或者其他一些財富，都永遠無法和你自我發展的投資相比，因爲自我發展投資更有意義。

一次，一個百萬富翁告訴我，他要將自己一半的財富捐出來，捐給我們稱爲「希望」的正統教育。他說，他犯了一生中最大的錯誤，年輕時拼命賺錢，幾乎成了金錢的奴隸，他後悔沒有做自我投資，後悔沒有花時間完善自己，而是讓自己成了一部賺錢的機器。

我們常常能看到這樣一些美國人：他們十分富有，但是他們除了知道一些賺錢的專門技能之外，對其他事情幾乎一無所知。我們常常能夠看到許多從事公共接待工作的年輕人，他們天資聰慧，然而他們中有的如同蠟像般呆滯，站在那裡一動不動，有的則一開口就暴露文化層次低的事實。有許多富有的美國人，他們除了能夠談論一些和自己的行業有關的話題外，無法就其他任何話題，展開一段完整的談話！許多人在談到社會問題時，幾乎啞口無言，每當談到自己專門領域以外的話題時，他們很明顯就會變得局促不安。

我認識一個自然學家，他對自然歷史研究的十分透徹，但是他卻寫不出一個通順的句子來，因此縱然有再多的學識，也無法充分發揮。他無法將自己的科學研究、調查、發現，透過製表或編輯等高級方式記錄下來，導致的結果是這些資料通通丟失了。他承認自己的生活是個敗筆，但是他也知道，自己在專業方面的能力，不亞於在世的任何一位自然學家。儘管這樣，只要他下決心，他完全可以克服這一缺陷。

在我們周圍，常常可以看到一些能力出色，卻苦於沒有知識、缺乏技能方面的訓練，因而能力得不到施展的人。成千上萬人只因爲文化程度低、缺乏專業培訓而無法發揮利用自己的才能，那麼多了不起的、充滿創造力的天賦，就這樣白白被浪費掉，想想吧，這個世界將因此而蒙受多麼大的損失！

不論走到哪裡，我們都能看到人們穿金戴銀、珠光寶氣、衣著華麗，或者在家裡擺設一些古玩古董，來竭力掩飾自己的淺薄，來彌補他們沒文化和缺乏教養的事實。就在最近，我碰到了一位在大公司做接待的男性，他衣著華貴，戴著一枚大鑽戒，但這一切依然沒能掩蓋他的沒文化，這枚鑽戒給人的感覺，就像掛在鼻子上的珠寶。這一切都更加突出了他缺乏知識和文化的事實。

一輩子都覺得自己不如人，感慨自己在年輕時沒有好好用功讀書、沒有受過良好的培訓，是一件很可怕的事情。

許多人在自己的辦公室或工廠裡、在他們的專業領域裡，眞的可以算作專家，但是在其他方面卻連常人都比不上，他們是實用主義者，把一生的時間都用來賺錢。他們對生命豐富多彩的一面一無所知。在某種程度上，他們將自己全部消耗在了工作上，這類人和那些勤於自我提高、培養完美人格的人之間，形成了鮮明的對照。

大自然只將各種官能借給我們用，如果我們不斷磨練這些官能，她就會認爲我們有資格擁有這一切，並將更多的官能賜予我們。但是如果我們不去使用這些官能，她就會收回這一切，我們也就失去了這一切。就從我們停止好好利用這些官能的那一刻起，它們就開始萎縮。如果我們不進行自我改進，我們也將退化。

遺憾的是，大多數人認爲，離開了學校，沒有了學習環境，學習是根本不可能的。再沒有比這更愚蠢的想法了。在美國，即使是家庭條件最差的孩子，也有上大學的機會，也會有機會接受各種機構提供的教育、培訓。林肯透過自學獲得豐富的知識，見到他的外國人為他的知識面之廣而詫異。林肯年輕時，在貧瘠、極為不利的環境下，獲得了相當於大學教育的知識，那麼今天的年輕人，在比當年的林肯條件強許多倍的情況下，有什麼做不到的呢？就連海倫·凱勒這樣的殘疾人，都能夠獲得大學教育，那對於無數健康的人而言，對於那些擁有力量和無數機會的年輕人而言，又有什麼是不可能的呢？

難道你比海倫·凱勒更不幸嗎？難道你所處的環境，比當年的林肯更為惡劣嗎？

許多不思進取的年輕人，知識匱乏，與大學教育之間的距離相差萬里，對他們來說，這似乎是無法逾越的鴻溝，因此他們失去了勇氣，打消了想要獲得教育的念頭。你一定知道積少成多的道理，一分錢能積攢成一元，一元能積成一千元。同樣的道理，你可以利用每一分鐘時間去做一些有益的閱讀，將每一分每一秒都花在自我成長、自我提高上，你就是在積累一筆絕對比金錢更有價值的財富，因為任何投資，都不如自我提升的投資更有意義。這種投資帶給你的，是任何外界災害所無法掠奪的財富，也是失敗所無法撼動的財富。不論你遭遇了什麼，就算你失去了手中的一切物質財富，但是只要你有知識，只要你誠實可信，只要你勤奮肯幹，你就可以東山再起，獲得成功。

你或許正因為自己職位不高、薪水不多、沒有機會而感到懊惱，但是我的朋友，讓我來告訴你，就在不遠處，有許多人都在羨慕你，他們認爲你的職位充滿機會，他們正在趁你休閒的時刻投資自己，他們要讓自己能夠勝任更重要的職位，要讓自己賺錢的能力不斷提升。

我認識許多年輕人，他們常常利用空餘時間爲自己充電。單純從經濟的角度講，自我投資的經濟產出要大於工資收入，因爲他們在自己的大腦中，儲備了各種珍貴的知識和資訊，這些知識在以後往往會轉化爲可觀的財富。

自我提高、自我成長、自我發展的習慣會讓你受益無窮，這些對一個人心智、精神上的總體提高，對一個人生活觀的形成，都有極大的幫助。厚積而薄發，這些能不斷提高你的個人價值。

不斷追求上進的人，往往還具有其他一些美好品質、個性和習慣。每當我看到某個充分利用時間、不斷提昇自己、不斷拓寬自己視野、不斷給自己設立更高要求的年輕人時，我就可以斷定，這個年輕人身上具有某種非同尋常的東西，很可能過不了多久，我們就能聽到這個年輕人的好消息。

一個人未來一切的關鍵所在，也就是最能夠決定一個人命運的因素，正是可發展性。

有多少人出於種種原因，在早年間失去了讀書或上學的機會，這些人一生都受到了沒知識的限制，在競爭中總是處於不利的情形，總會輸給那些更有知識的對手。他們不願意學習，因為他們認為學習是學齡兒童或青少年的事情，過了這個年齡段，人們就不再需要學習了。

在我們周圍，總能看到一些天資聰穎的人，他們完全有能力、有天賦大做一番事業，然而他們卻只能在平凡人的行列中苦苦掙扎，只能做一些普通的工作，原因就是在他們小的時候，沒有人督促他們認眞讀書。最終，這些人只能終生過著不得志、有缺憾的生活，缺乏文化知識讓他們被人們低估，他們卻又不知該如何擺脫這種狀況。他們與競爭對手相比，或許勢均力敵，或許實力強於對手，但是由於他們的知識面窄，在某些方面不夠敏銳，由於他們不懂得如何集中精力，邏輯思考能力差，所以他們總是處於下風。

大多數人都沒有充分認識到，透過自我完善，他們能夠在很大程度上，讓自己的效率、精神力量以及賺錢能力成倍提高，即使到了晚年時期也不例外。有許多人在錢上很小心，把每一分錢都看的很重。這些人似乎完全忽略了，利用夜間和假期等閒暇時間學習能帶來的各種可能性，這種可能性具有無窮的價值。他們似乎沒有意識到，花一刻鐘集中精力去閱讀一些勵志的、有用的書籍，所起到的自我提昇作用，絕對要比努力節省下來的那幾個零錢更有價值。

最好的投資，永遠都是在自我提昇方面所做的投資。不斷讓自己進步是一把鑰匙，它將釋放被鎖在心靈深處的力量。

思維每開闊一點，視野每拓寬一點，對一個人的事業來說，都會是一粒種子，這一粒粒種子將會帶來收穫。

要記住，不論你是否已經過了上學的年齡，你都可以透過其他形式彌補所失去的一切。成年人可以接受一些更爲實用的知識，因爲他們的心智與身體，讓他們較青少年能更爲合理地利用時間，另外，他們的判斷力也更好。成年人有能力辨別什麼是有用的、實用的、有幫助的，什麼不是。

不論什麼年齡，也不論有多麼忙，每個美國人都能夠獲得大學文憑，或者是同等學力；只要願意充分利用夜間或假期的業餘時間，從報紙、雜誌或書籍上吸收知識，每個人都會不斷擴大自己的知識面，我們還可以透過和別人交談、觀察他人、聆聽他人來提昇自己。就連聾人、盲人和肢體有殘疾的人，都能得到大學文憑或同等學力，那麼，健全的年輕人還有什麼藉口不學習呢？最淵博的人往往是靠不斷吸收知識，透過各種管道獲取知識而取得成就的。三人行必有我師，他們會從每個有經驗的人身上獲得知識和資訊。孜孜不倦地追求，不斷充實自己、完善自己，透過這些管道得到的知識，絲毫不會少於透過正規高等教育所獲得的知識。如果可能的話，要想盡一切辦法上大學。即使不能踏入高等學府的殿堂，也不要放棄持續學習。

要從每一個可能的管道汲取知識，汲取自我提昇的力量。不要錯過任何能夠讓自己更強大、知識更淵博、受教育程度更高的機會。

要養成儲備知識、豐富經歷、加強個人力量的習慣，這種習慣也恰恰是成就羅斯福、施瓦布、沃納梅克等偉人的習慣。

每當我看到某個家境貧寒、卻工作努力的年輕人，不斷向別人請教問題，盡一切可能獲取知識的時候，我就明白，就算他不具備超群的天賦，他也必定具有其他某些優點。就算你是一個沒什麼文化的中年人，爲你長久以來的損失做一些補償也並非難事，不僅如此，學習還會給你帶來滿足感和愉悅感。在各行各業中，我們都能看到許多這樣的人，他們或遇到挫折、或停滯不前、或猶豫不決，不知道下一步該往哪裡走，只因爲他們沒有文化、沒有技能，因爲他們上學少，不知道也不願意自我學習。這些人最容易抱怨時運不佳、抱怨命運不濟，於是總是停留在普通人的行列中，而其他一些能力不如他們的人，卻一個個爬了上去，步入了上流階層。你所抱怨的逆境中或許蘊藏著力量、充滿了機會，就看你是否能抓住它。

許多人沒有進步的能力。不論別人怎樣幫助他們，也不論同樣的建議或提議對他們重複多少次，他們都毫無改變，他們麻木沒有反應、他們偏執、他們愚笨無比、他們頑固執拗。

他們拒絕任何建議，只按照自己的方式做事。作爲雇員，他們不會走的太遠，要想教好這樣的人，恐怕得從搖籃裡從頭開始，更進一步說，要先把他們的祖父母教好才行。

另一類人缺乏耐心，目光短淺，只關注自己的付出。他們希望看到立竿見影的成果，他們像尙未掌握基本原理和技巧、就急於作畫的年輕藝術家，像急於登臺唱歌、演奏曲子的音樂系學生，這種人不喜歡長時間進行枯燥乏味的基本練習。

知識永遠不會向那些不願買入場券的人敞開大門。

我希望每個年輕人，每天都能堅持花上一小時，集中精力、認認眞眞地給自己充電。如果可能的話，我希望這樣做的效果，能夠如一道絢麗的光，劃過天空，讓每個年輕人都能明白地看到、清醒地意識到知識的力量。你將驚奇地發現，你所積累的每一點知識將會產生的效果，將會如何令你的生活得以改觀。千萬不要認爲，將晚上的時間用於讀書，或利用一切閒置時間進行自我提昇是在浪費時間。單單從錢的角度考慮（當然，這是非常狹隘的想法），你的知識增加了，所賺的錢也會相應多起來，最起碼要比你每天上班所得要多。

你無須過於期待自我提昇的結果，你只不過是在播種，需要等待一定的時間方可迎來收穫，得到長久的滿足感。

我認識許多年輕人，他們工作努力，但每週的收入只有五～十美元。他們利用夜間、假期、平時的空餘時間努力提昇自己，這樣做是值得的，他們不僅收穫了知識，而且提升了賺錢的能力。換句話說，這種自我提昇，實際上使他們具備了走的更遠、更快，爬的更高的基本能力。

帶著馬虎、不認眞的態度過生活，沒有爲生活做好準備，沒有很好地接受教育和技能培訓，會給一個人的一生帶來很嚴重的影響。如果你希望自己的生活是得意之作，那你就應該正確畫上生活的第一筆。不管是什麼建築，地基都是最重要的。

任何的投資，都比不上訓練一個人如何正確、快速地思考回報更大。在教育面前，無知總處於極爲不利的境地，實用的知識一直都有通行權。

如果你決心要在最大程度上實現自我，那你要學會放棄許多假期、許多好時光，你必須學會放棄眼前的舒適，來換取日後更大的發展。

我認識不少這樣的青年，他們急著想讓自己更有學識，然而卻不捨得放棄哪怕一個晚上去學習。他們無法放棄劇院，無法拒絕派對、舞廳、俱樂部。他們幾乎每個晚上都有活動，但是，當他們看到那些放棄了這些享樂機會去上夜校的年輕人、那些抓緊一切時間自我提昇的年輕人得到升職機會時，他們認爲這一切都是「幸運」。

在某種程度上，大多數年輕人認爲，成功是一件靠外力起作用的事情。有一種神秘的力量，它就像一股旋風，在一夜間席捲了整個大陸，將一些人帶到了自己的目的地。他們並沒有看到這樣一個事實：幫助自己走向目的地的外力，就在自己手上，只有自己才能啟動它。他們似乎不明白，有因必有果，量變產生質變。

懂得犧牲的藝術，懂得用眼下少量的損失，換取未來更大的獲得，是一件非常重要的事情。很少有人願意將現在的娛樂時間，用在讀書、學習、自我提昇上，用來換取日後更大的發展。

但是，所有眞正意義上的成功，都是透過爲更光明的未來、而不斷犧牲現有的快樂獲得的，爲了長遠利益而犧牲眼下利益所獲得的。在日後能夠帶給你高薪收入的，正是你眼下放棄了撲克牌遊戲、派對聚會、跳舞看戲、社交集會，將這些時間用在自我提昇的努力上。

沒有任何藉口，可以爲自我放逐、自我限制辯白，也沒有任何藉口，可以解釋一個人爲何不思進取。不管是誰，只要願意，都能將自己全部的力量和才能開發出來。

一定要記住，最具價值的不是別的，正是不斷自我提昇。實際上，除了不斷進行自我激勵、鼓勵自己成長之外，任何人都幫不了你。在你不斷向前延伸的生命旅途中，只有你與生俱來的思想和意志的力量，能夠幫助你完成一切，我們稱之爲「命運」的東西，有一大部分是由我們自己來決定的。

第24章　時間——最寶貴的財富

廷德爾教授告訴我們，他這一生中所受到的最大的激勵，來自一位幾乎不識字的老年男僕。每天早晨，男僕都會去叩這位偉大科學家臥室的門，喚他起床：「起床了，先生，七點鐘到了，今天還有重要的工作等著您去做呢！」

現在，你不妨也將這句話作爲自己的座右銘，用大字寫下來，放在床頭，好讓你清晨睜開眼睛時，就能看到它。「起床了，今天還有重要的事情等你去做呢。」

但通常來講，我們不會去想這一天會發生什麼，實際上，我們幾乎沒有眞正意識到，一天的時間到底意味著什麼，到底具有怎樣微妙的價值。可以想一下，在一生當中，我們到底可以得到些什麼。有一次，我在和施瓦布先生一起吃午飯時他告訴我，上午，他已經完成了一筆四千三百萬美元的交易。實際上，我們每天都有重要的事情去完成，在某種程度上，這些事情對我們的重要性，絲毫不亞於幾百萬美元的交易對於施瓦布先生的意義。

有人說，雖然我們懂得節約金錢，但是，任意揮霍時間、浪費生命卻相當於在犯罪。浪費時間就是在浪費生命，同樣，打發時間就是在打發生命，因爲我們在打發時間的同時，也打發掉了生命中一切可取的東西。我們常常在節省金錢的同時卻浪費著時間，當我們這樣做的時候，我們其實是在浪費宇宙中最寶貴的東西，因爲時間就是生命。這是誰也無法逃脫的定數。

通常在判斷一個人成功與否、聰明還是無知時，我們可以看看他利用時間的方法是明智的還是愚蠢的。如果你能告訴我，你對時間的看法是怎樣的，它對你是無比珍貴的還是平平常常的，你覺得時間無所謂還是非常在乎它，那我就能夠告訴你，你會讓自己的生活成爲什麼樣子，你的生活會是傑作還是敗筆。

如果你珍惜每一刻時光，尤其是你的空餘時間、工作以外的時間、機會難得的時光；如果你手中時常拿著一本書、一本小冊子，或者在你四周總有一些有價值的東西，以便忙裡偷閒去閱讀，或者在你等待不守時的約會對象時去閱讀，在你等火車、公車，在你恰好有空的時候去閱讀，那麼我可以斷定，你身上具備一個成功者應有的素質。此外，如果你在閱讀的時候有做筆記的習慣，把你所讀到的、想到的事物和提議記錄下來，以備日後使用，那我還能夠更加肯定，你會在大的方面取得成功。

很顯然，那些渴望知識、渴望資訊的人，那些讓自己的生活面更廣、內容更豐富的人，那些不斷拓寬自己眼界的人，那些珍惜時間的人，通常都是成功之人。

許多人都隱約感覺到，成功的事業除了日常的工作以外，很大程度上還受到態度的影響，這是一個很嚴肅的事實。實際上，人們的經驗和觀察不斷在論證一件事情，即成功完全取決於我們如何支配時間這種每個人固有的財產。獲取成功是一個日積月累的過程，它意味著讓生命發揮最大限度的力量，同時，成功也是一件十分自然、正常的事情，不存在任何非自然的壓力和緊張。成功只是一個誠實、眞摯、不懈堅持的問題，只是一個精益求精、更上一層樓、永遠讓自己處於最佳狀態的問題。

要想最大限度發揮生命的潛力，就必須最大限度地利用時間。但是幾乎沒有什麼人眞正意識到，浪費時間就是在浪費生命。生命對我們非常珍貴，即使臨刑前的罪犯，也會數著自己還有多少時間。只有當生命結束的那一刻，生命才會顯得如此珍貴，他絕不會放棄片刻享受生命的時光。如果我問你，你是否願意用自己生命的一個月、一年、五年時間來做交換，換取其他東西，你一定會說，就算是將全世界所有的財富擺在你面前，也休想換取你生命的片刻時光。但是，有許多人卻抱有自殺的念頭，還有許多人已經這樣做了。時光不能倒流，世界上也沒有後悔藥，這是大自然的法則。如果我們違反了大自然的法則，我們的生命必然就會被削減。如果我們在昨天、昨晚、今天做了錯事，做了降低生命效率、縮短壽命的事情，那一切都已於事無補，任何事情都無法挽回你犯下的錯。違背了自然法則的人，就算他坐在王座之上，也必然會受到懲罰。

你是否意識到，當你的時間多的打發不掉，當你覺得事情很煩，幾乎等不到明天的時候，你又做了些什麼呢？或許你在掰著手指數日子，看什麼時候才能擁有一個眞正屬於自己的家，看什麼時候才能看著膝下兒女成群，享受天倫之樂，什麼時候你能過上比現在更有錢、更舒適、更奢華的生活。你的未來看起來是光明美好的，但今天無休止的單調乏味生活和枯燥不堪的工作，讓你覺得很難熬，你希望這一切快點結束，希望好日子快點來。你認爲這種毫無價値的渴望，眞的會起作用嗎？它只會大量浪費你的生命和時間，這不是生活，把時間花在空想上，是不會有任何結果的。

你是否意識到，當你晚上出去打發時間時，你其實是在打發自己的生命，毀掉你的生命、毀滅你的未來，扼殺你生活中的機會。你認爲失去一天沒什麼，但是你會將自己一天、一周、一個月的生命出賣給別人嗎？你是否意識到，當你竭力打發時間時，你眞的是在抹殺自己的生命，因爲你無法將生命和時間割裂開來，生命和時間具有同一性，是一回事。浪費時間就等於抹去機會、抹殺生命。

一定要牢記，每當你感覺到時間多的打發不掉，你得想辦法消磨時間的時候，你就是在慢性自殺，因爲你的時間就是你的生命，二者密不可分。你還要牢記，當你打發了大好的時光，當你將時間花費在留給你遺憾和悔恨的事情上，花費在讓你第二天厭惡自己爲何如此頹廢的事情上，花費在令你不再尊重自己、傷害他人的事情上時，你不僅是在慢性自殺，而且是在扼殺自己的個性，因爲和先前的你相比，你已經降了一個等級。

讓人覺得奇怪的是，很少有人將時間視爲自己的財富。我記得有這麼一個年輕人，他野心很大。他看似下定決心要到達前方某個地點，卻一路上總是停下來和人交談。我知道，他一天裡總要花上兩小時，與毫無共同語言的人聊天，與偶然碰到的和自己的工作毫不相干的人聊天，他還會坐下來吸菸、閒聊、閒逛。他似乎從來不知道抓緊時間，吃午飯的時候，也總要在午餐俱樂部逗留上兩三個小時。所以他一直沒取得大的成就，他可能永遠也不會太成功，因爲他似乎永遠體會不到時間的寶貴性。然而他卻把金錢看的十分重要，他從來也沒想過要丟掉十美分或二十五美分的硬幣，卻捨得丟掉價值一美元的時間而絲毫不覺得遺憾。

時間就是金錢，時鐘每滴答一下，我們所剩的生命就減少一秒，我們創造美好事物的時間就會減少一秒。生命就像大額的政府債券，不同之處在於，我們所擁有的政府的配給券逐年增多，而生命的供給則是一天天在減少。許多人都毫不吝惜地花費這筆資金，從來沒想過它永遠不可能再贖回，一旦失去，便永遠失去，世界上沒有任何一種力量，能夠將它挽留或贖回。做過的，便永遠是做過的了，而遺漏掉的，也將永遠被遺漏，好好壞壞都已成爲過去，被封存起來，再也回不來了。雖然我們會萬分後悔，甚至以淚洗面，但都無濟於事。時間無情地控制著我們每一個人，任何厄運、災難、不可抗力因素都無法與之相比，任何事物都無法阻擋時間所產生的不可逆轉的、無情的作用。

有人說，時間是唯一不需要你花費任何成本，就可得到的一筆生命財富，但若失去了這筆財富，就等於失去了一切。你讓時間所發揮的價值，決定著你能從生活中得到什麼。關注一下年輕人，是如何對待自己寶貴的時間的，這是我所知道的、評估一個人未來價值的最佳方式。

你或許十分肯定，如果一個年輕人愚蠢地浪費時間、打發手上的時間，因爲他總是等不及，希望新的體驗、新的刺激快點到來，那他必定不會成爲生活的贏家。

難道時間不是你生命中最寶貴的東西嗎？難道你要像揮金如土的人對待金錢那樣，任憑時間從你手中溜走，直到你再也擠不出一點時間的時候，才意識到它是何等寶貴？

成功的人、爲這個世界做出貢獻的人，不論他們具有其他什麼方面的缺陷，不論他們缺乏什麼，他們都會把時間看的格外珍貴。他們像守財奴對待自己的金子一樣，對待自己的每一小時、每一分鐘，因爲他們知道，生命就是由時間構成的。

不太看重時間的人，就是不太看重生命的人，他們對理想無所謂。扼殺自己的時間，就是在扼殺機會、可能性、機遇，甚至自己的未來。

所以，年輕的朋友，當你如此輕視自己的時間，當你用各種方式消磨時光、沉浸在毫無意義的小說中，做著不切實際的幻想，等著新鮮有趣的事情發生，等待一些新的體驗之時，你幾乎沒有意識到，你所浪費掉、拋棄掉的，正是世上最寶貴的東西！

我聽說過關於幾個印第安人的故事，他們發現了一個包，包的外面飾有珠子和閃光片，裡面裝有一些未經雕琢的鑽石。這些印第安人扔掉了珍貴的鑽石，留下了華麗卻一文不值的包！這也正是我們大部分人在生活中所做的事情，我們留下的是廉價、閃耀、炫目而膚淺的東西，丟掉的卻是生活中永恆而珍貴的東西。我們吃掉了穀殼，卻丟棄了穀仁。

如果你想要取得一定的成果，做出一些有意義的事情來，你就必須像保護自己的珍貴財產一樣保護自己的時間，你絕不允許任何人隨便佔用你的時間。或許你有必要訂下一條鐵的規矩，在繁忙的工作時間，你拒絕接待任何來訪者，即使是相識多年的老朋友也不例外。當然，這樣做會令人很不愉快，但是這樣做對你很重要。如果你想要做出任何個人成績來，想要做出一些富有創造性的事情來，想要在假期集中思想，你就必須讓人們知道，你在某個特定時間段裡不希望被人打攪。如果你向每個來訪者敞開大門，或者歡迎每個順路拜訪的人，你就無法集中精力，做出最好的事情來。

有許多值得人們尊重的人，如果他們有自己的原則和手段，能夠拒絕那些毫無理由佔用自己時間的人們，那他們的成就一定要遠大於現在。就是因爲他們隨和、相信別人，他們才會輕易被打攪。這些人不論自己的工作壓力多麼大，任務多麼緊，從來都不會拒絕任何人，等他們意識到的時候，一天就這樣過去了，而他們什麼都沒做成。

我認識一個朋友，他是如此和善、好脾氣、富有同情心，他努力想要幫助每個人。所以，他無法開口暗示那些有意無意佔用他寶貴時間的人，他眞的很忙，眞的被打擾不起。可是，他任憑這些人來看他，坐在那裡沒完沒了說話，大半天就這樣過去了。接下來，他就只好長時間留在辦公室加班，試圖將那些被其他不相干的人偷走的時間彌補回來。其實，這件事對他和他的家人都很不公平，因爲這樣做，嚴重影響了他的家庭生活。

許多人的職業，一直都受著時間竊賊的嚴重影響，這些來訪者都是順路拜訪者，這些人都是對別人沒有什麼幫助，卻指望從別人那裡得到好處的人。

你或許會說你很窮，永遠也不會像別人那樣擁有很多機會，也不會有人來幫助你、提拔你。但是，親愛的朋友，不知你是否意識到，時間不就是機會嗎？生命中還會有什麼機會，能夠比讓你呼喚出自我、發揮潛能、追求理想的機會更爲珍貴呢？

在這個世界上，即使是出生在最貧寒家庭中的孩子，也同樣擁有時間和機會的財富。人的一生中機會何其多，有生之年可爲之事何其廣，生命中所能創造的奇蹟何其大。

想一想林肯、愛迪生來到這個世界之後，用一生的時間所做的事情吧！林肯想要的全部財富，不外乎是時間和機會，他不會浪費一點時間。他抓住一切能獲得進步的機會，一切能夠展示他的高貴品格的機會，一切能夠發揮自己與生俱來、蘊藏在自己內部的潛能的機會，最終讓自己名垂千古。時間和機會，是有助於我們獲得成功的最大的一筆固有財富。

第25章　平衡與自控

擁有平和的心態，在任何事情面前都能保持泰然自若，可說是一種藝術，只可惜，能做到這一點的人少之又少！與保持平和相比，賺錢也成了一件簡單的事情。如果你心態很平和，那你就能很好地發揮自己的能力，但是如果你缺乏這種平和，不論你被委以何種任務，你都無法很好地去完成，因爲你的心態無法讓你的心智達到平衡。

你所熟知的人當中，或許有人擁有一流的人格，如果你願意對他們仔細研究一番，對他們仔細過濾和分類、追根溯源，找到他們成功的基礎，你就會發現，在他們成功的基石上，都刻有「平衡」二字。

平衡、自控是一種能夠讓我們不受周遭環境影響的能力，它能讓我們擁有一種超然的心境，讓我們坦然面對一切，不以物喜，不以己悲。

平衡就是力量。平和的心態，意味著整個大腦各項官能可以協調工作，意味著大腦中正在產生某種力量，平衡表明一個人具有平和的思想和良好的判斷能力，它意味著果斷、有創意、自控。

人的一生中首要的任務是學會自控。擁有良好的自控能力和平和的心態，不僅能讓你擁有力量，而且能讓你贏得他人的尊重，因爲眞正能夠控制自己的人可謂鳳毛麟角。

常言說：「僅有優秀品質還不夠，我們還應該好好管理這些品質。」

當我們看到那些能力出眾、完全可以發展的更好的人，只因爲缺乏平和的心態和良好的自控能力，無法更進一步時，心裡就會感到同情和難過。這些人都是自己性格中愛緊張、愛嫉妒、脾氣火暴的犧牲品。這些人因爲一些雞毛蒜皮的小事而暴跳如雷，而心態平和、自控力強的人卻不爲所動。

丁尼生說過：「自尊、自強、自控，僅僅這三條品質，就可以讓你擁有強大的力量。」

而赫伯特・斯潘塞則告訴我們：「人類作爲一種道德倫理生物，最重要的一項屬性，便是具有自控的官能。達到自控的最高境界的人，便是一個完美、理想的人。不衝動，在最爲關鍵的轉捩點，不要失去方向或受人左右，而是要獨立、平衡思考，行事要經過多方面思考，要在經過各種大腦感官權衡、分析之後，再做出冷靜的決定。這也正是教育——至少是道德教育——所要努力達到的結果。」

完全做到自控的人，會擁有一種額外的力量。不論發生了什麼事情，他都能夠確保自己接下來該怎樣行動。他知道他不會讓自己看起來像個傻瓜，他知道他不會讓自己的男子漢氣概，就此離開理性的寶座，或在一時衝動下讓野蠻控制一切，導致自己的生活受到影響，甚至毀了自己。他十分清楚，在任何突發狀況下，他都要很好地控制自己，因爲他已經悟到了自我控制這門藝術的關鍵。

在緊急狀況下，最需要的就是一個人的鎮靜與平和。不論發生了什麼，鎮靜之人永遠不會陷入慌亂、膽戰心驚、思維混亂的境地。平和之人從不焦慮，從不火冒三丈，從不斥責別人，從不心有不甘，從不排斥他人，也從不興奮過度，即使面對最大的挑戰，也會保持沉著、冷靜。

在突發事件或災難面前，擁有平和心態的人是頭腦冷靜、鎮定自若的，他們知道最應該做的事情是什麼。

每當大街上發生緊急事故的時刻，也就是鎮靜得以詮釋的時刻。一大群人聚集到一起圍觀，一般的目擊者根本就不知道該怎麼辦，也不知道如何對受傷者進行第一時間的救援。但是頭腦冷靜的人會立刻推開人群，來到受害者身邊，對他們實施必要的救援。他們不慌不忙，沒有絲毫的緊張，周圍的人一個個看的目瞪口呆。

有一次，英格蘭的一位國王在大街上癲癇病突然發作，暈了過去，周圍聚集了很多看熱鬧的人，但似乎能駕馭這個局面的，只有一位學醫的學生。只見他推開人群，迅速來到國王身邊，給他放血。倒在地上的國王這時候蘇醒了過來，這位學生的沉著和勇氣感動了國王，國王封他爲皇家醫生。他就是偉大的安布羅斯・佩爾。

我認識的一個人就具有沉穩的好品格。不論發生了什麼事情，也不論其他人有多麼興奮，這個人總能保持他一貫的風格——處變不驚。在任何刺激、混亂、危急的關頭，他都能保持頭腦冷靜、反應迅速、思維敏捷。從沒有人看到過他手足無措，人們也沒有看到過他心不在焉的樣子。他總是牢牢把握著自己，處於完美的自控狀態之下。

我曾經目睹過他的生意面臨災難威脅的時刻，一場訴訟案件幾乎將他毀於一旦，但他還是鎮定自若地走進法庭，彷彿接下來要發生的任何事，都不會對他造成影響。

當其他人興奮不已、暈頭轉向、無法控制自己的行爲之時，我們往往會情不自禁地，對那些個性突出、完全保持冷靜和平靜、絲毫不爲外界所動的人肅然起敬。

又有什麼財富，會比獲得這種泰然、平靜的心態更爲珍貴呢？又有什麼事情，會比很好地控制自己，讓自己不做傻事，保持理性更爲重要呢？

我們會不由自主地喜歡、佩服那些沉著和能保持平衡的人，也喜歡和這樣的人打交道。

我們本能地討厭那些喜歡擔憂、焦慮、似乎總坐在刀口上的人，那些似乎永遠也不知道該怎麼辦的人，我們總想避開這些人。我們能夠從冷靜的人身上，感受到一種完整、全面的氣息，這種氣息給我們鼓勵，給我們的思想以支持和力量，因爲他們的這種沉著，能夠不時地感染我們。

平衡、協調、和諧，這是最基本的事情。舉個例子，如果一個人不能很好地應用自己的感知能力，沒有很好的判斷能力，那即使是道德的最高層面——慈善，也照樣可以毀掉一個人。如果一個人無法讓自己的各種精神官能得到均衡發展，他就可能會有過度慈善的傾向，將自己擁有的一切都送給別人，到最後可能會影響自己的家庭。

我認識一個很典型的這種類型的人。他爲人十分和善，總是盡全力去幫助有困難的人，但他缺乏一個尺度和常規的警惕感，以及良好的判斷力，他將自己擁有的一切都送給了別人，甚至以自己家人的舒適生活爲代價，來滿足他過度的善心和幫助他人的熱情。這樣的人並不十分平衡。

人格和思想的力量，來源於各方面和諧發展的大腦機能。

在均衡發展的大腦機能中，不應該出現一種官能過分突出，和其他官能不成比例的現象。在調節自如的一整套大腦官能中，每一種官能都會和其他官能相呼應，就好比鐘錶中每一個齒輪的運動，都應當得到很好的調節，和其他齒輪相協調。

這個世界到處都是破碎的、令人失望的生活，經常性的失敗，吞沒了偶然的成功，好不容易得來的少量財富，敵不過一次悲慘的失敗。在這種情形下，遠大理想和缺乏系統條理、缺乏保留勝利果實的能力相互交織著。許多人的事業，就像一條由碎布拼製而成的被褥，總是成功與失敗並存，其原因就是缺乏心態上的平衡和良好的感覺，來確保將成功持續下去。

在我們的一生中，到底會遇到多少眞正平衡而平和的人？無數人的發展都是不全面、不均衡的。能全面發展、各項官能均衡的人少而又少，因此這樣的人永遠都是少數。我們不難發現，許多優秀的人在各方面都十分有能力，他們卻常常做出一些十分奇怪的、沒有條理的事情來，判斷能力差總會讓他們栽跟頭。

一個人一旦落下了不平和或者判斷力差的名聲，或者留給人們一個時常做傻事，無法委以重任的印象，這對打算從政的人或者對一個人的總體發展而言，都是致命的打擊。

如果你發展不均衡，不論你在某個專業領域多麼突出，一個理智的商人是不會信賴你的，因爲他們知道，你可能會在壓力下或者其他突發事件面前，做出愚蠢的事情來，犯下嚴重的錯誤。

不惜荒廢其他官能的發展，過分側重、不斷使用任何一種官能，都會導致大腦的發展失衡，這是十分有害的。不論這個被過度使用的官能多麼重要、多麼有用處，但是，爲了讓大腦平衡發展，保持心智的平衡，我們也不應該放棄其他官能的使用。因爲平衡就意味著力量、良好的判斷力和智慧。

勇氣是成功不可或缺的要素，但是，如果勇氣失去了平衡的度，丟掉了謹慎和警惕的制約，那它就會使我們失控，從而讓我們陷入各種尷尬境地。勇敢大膽，如果前提是謹慎小心，以良好的判斷力爲指導，可以稱得上一種很了不起的品質。

平衡意味著你的思想完全處於自我控制下，意味著你的精力被均衡地支配，你可以隨時將你的精力調轉到需要它的地方，將你的全部自我，都投入到你打算追求的目標方向上。

最有利於一個人身心健康的，莫過於平和、平衡的心境。如果你的思想由於憤怒、嫉妒、興奮、焦慮、恐懼失去了平衡，那你的整個身體也就失去了平衡，所有的功能都變得紊亂。任何破壞和諧的東西都會影響健康，都會誘發潛伏的疾病發作。如果我們整個人處於一種和諧的狀態下，思想也會是平衡的，所以，早期就形成一種平和的心態，最有助於修身養性，最能提高一個人的效率。

我們應該培養孩子平衡發展，讓他們形成一種平衡的思想態度，無論遇到什麼事情，發生了什麼不幸，都能夠用一種相對舒適的心境走完一生，在任何情況下都能保持身心的平靜。

和諧是效率、魅力、幸福的秘密武器，和諧其實很簡單，它只不過是要我們和無限的宇宙保持步調一致。這要求我們思想、道德方面的各項官能絕對健康。平衡、平和、和善、甜美的性格，往往能夠讓整個身心，和連續不斷發生在我們身體裡的新陳代謝過程保持和諧，而摩擦矛盾則最容易破壞人體的代謝系統。

新陳代謝雖然是一種不受我們控制的自發過程，但是，如果身體在不協調、不平衡的狀態下完成這一過程，會大量消耗我們的精力。

我認識一個人，他的日常工作，就是在缺少耐心的情況下完成的。他總是表現的煩躁不安，一會兒抓抓自己的帽子，一會兒扯扯自己的外套，或者抓起桌子上的紙張、信件，或者做一些其他的動作，給人的感覺就是他簡直煩的不知如何是好，他覺得做一些日常的瑣碎事情十分討厭、麻煩，毫無意義。

其實不然，這些事情是有意義的。如果你能抱著正確的心態去做這些事情，你將會更加冷靜、平衡，你會成爲一個更富智慧的人。但是如果你在做這些事情的時候抱有不耐煩的態度，總感到發愁、煩惱，認爲它們枯燥無聊，你就會浪費許多寶貴的精力。

心境平和、能夠用積極樂觀的態度去看待生活的人，要比那些習慣於發脾氣，對事情充滿疑慮的人，更能忍受身體上的病痛，更能用平衡的心態，去面對生活中的各種摩擦。

脾氣火暴的人，永遠都是吃力不討好的人。不論他們的志向多麼遠大、工作多麼努力，都不會被放到重要的位置上，也不會得到臨危授命的機會，因爲人人都知道，他們並不可靠，他們有可能在任何時候，因爲一些瑣碎的事大發雷霆，所以他們雖然很有能力，卻無法保證這種能力在任何情況下都得以發揮，沒有良好的控制能力，縱然有再大的本事也是枉然。

人的一生中要做的第一件事情，就是保持思想的和諧，因爲和諧意味著效率。

渴望能做到自我控制的人，不妨嘗試一下早晨出門時，帶著不可戰勝的決心，下決心要讓自己在一整天內，不論發生任何事情，都保持頭腦冷靜、心境平和，讓自己在一整天之內都保持和諧。要下定決心，告訴自己在任何時候都保持平靜，否則自己會損失不起。如果你這樣做了，你將從中獲得一種極大的滿足感，這種滿足感來自你日益提高的效率。平和、舒適的心態有助於你完成更多的工作，你很快就會感覺到，如果肆意放縱自己的脾氣，你就會付出很大的代價，代價就是你平靜的心、你的健康和你的幸福。發脾氣毫無作用，也沒有效率。

如果你的心境尚未達到一種平和的境界，尚不能夠坦然面對惡意挑釁，無法在逆境中或失敗、打擊面前保持風度，那你就還沒有體會到一個道理，一個能讓你眞正得到解脫的道理。這個道理會讓你擁有一種淡然的心態和積極的思考方式，即便在別人看來是嚴重考驗或巨大痛苦的情況下也是這樣。

鎭靜是平和的產物，鎭靜只有在面臨壓力和突發事件的情況下才得以體現。然而，鎭靜和遲鈍麻木、不活躍、呆滯完全不同。斯芬克斯並不能夠代表鎭靜，因爲鎭靜並非意味著如石頭般僵硬，斯芬克斯是沒有生命的，他在一切事物面前都是沉默的。沒有人能夠比冷靜的人生活更爲充實、更爲有意義，更能體會生活的眞諦。

宿命論者也不是眞正的冷靜，宿命論者更傾向於屈服於命運，甘願做命運的奴隸，這種人無奈地向周圍的環境屈服，並漠視未來。他將生活視爲一艘無舵之船，在時間的海洋中任意漂泊，他沒有指南針，沒有航海圖，也沒有目標港口，他不斷投降的態度向世人表明，他承認自己一切都不如人。

更爲重要的是，我們要像冰山那樣，將自己的大部分浸在平靜的大海深處，任憑海面上狂風驟雨吹打著它浮出水面的部分，它都紋絲不動，因爲巨大的冰塊被一種永恆的力量支配著。

一直以來，我們都應該相信，生活表面上的任何喧囂騷亂，都無法打擾到我們。一個鎭靜之人所擁有的平和心態，能夠讓他抵禦周圍一切肆虐的風暴。

當我們在生活的航程中遇到疾風暴雨時，只有深深駐紮在驚濤駭浪之下的平和心態，才能夠給我們永恆的冷靜，才能讓我們更堅定、更祥和地駕著生命之舟，更安全地穿越風暴地帶。

國家圖書館出版品預行編目資料

氣質磁場：完美人格的25個關鍵因素 / 奧里森・馬登著；
趙越翻譯. -- 初版. -- 新北市：華夏出版有限公司, 2023.12
面；　　公分. --（人文經典；002）
ISBN 978-626-7296-88-2（平裝）
1.CST：氣質　2.CST：生活指導

173.73　　112015368

人文經典 002

氣質磁場：完美人格的25個關鍵因素

著　作　奧里森・馬登
翻　譯　趙越
校　對　孔謐
出　版　華夏出版有限公司
220 新北市板橋區縣民大道 3 段 93 巷 30 弄 25 號 1 樓
電話：02-32343788　傳眞：02-22234544
E-mail　pftwsdom@ms7.hinet.net
印　刷　百通科技股份有限公司
電話：02-86926066　傳眞：02-86926016
總經銷　貿騰發賣股份有限公司
新北市 235 中和區立德街 136 號 6 樓
電話：02-82275988　傳眞：02-82275989
網址：www.namode.com
版　次　2023年12月初版一刷
定　價　新台幣 400 元　（缺頁或破損的書，請寄回更換）

ISBN-13：978-626-7296-88-2
《氣質磁場》由孔寧授權華夏出版有限公司出版繁體字版

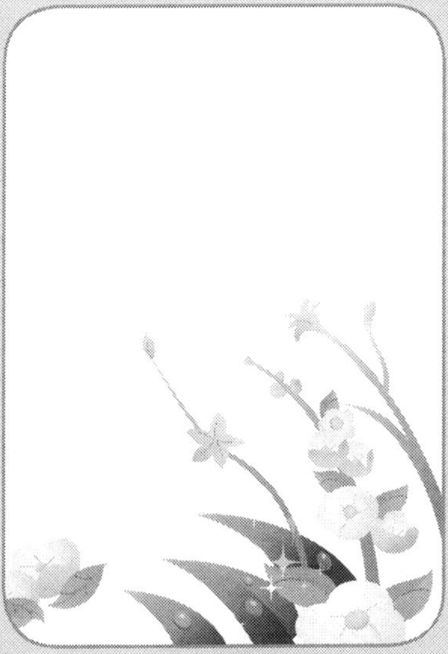

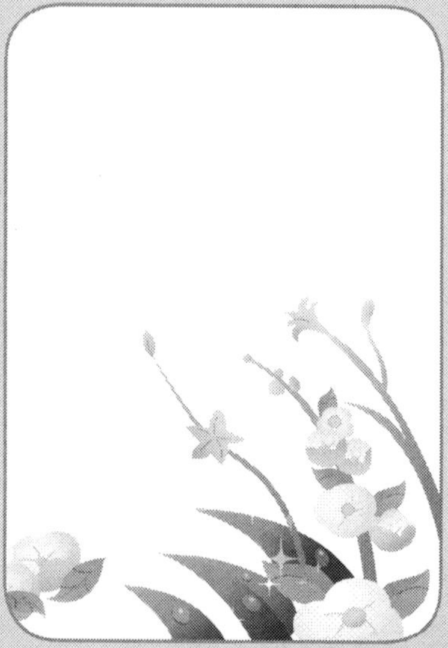